体育教学与实践

王 靖 朱有福 贺 青◎主编

经济日报 出版社

北 京

图书在版编目(CIP)数据

体育教学与实践 / 王靖，朱有福，贺青主编. -- 北京：经济日报出版社，2024. 11
ISBN 978-7-5196-1450-8

Ⅰ．①体… Ⅱ．①王… ②朱… ③贺… Ⅲ．①体育教学 Ⅳ．①G807.01

中国国家版本馆 CIP 数据核字(2024)第 013430 号

体育教学与实践
TIYU JIAOXUE YU SHIJIAN

王 靖 朱有福 贺 青 主编

出　　版：经济日报出版社

地　　址：北京市西城区白纸坊东街 2 号院 6 号楼 710（邮编 100054）

经　　销：全国新华书店

印　　刷：北京文昌阁彩色印刷有限责任公司

开　　本：710mm×1000mm　1/16

印　　张：13.75

字　　数：210 千字

版　　次：2024 年 11 月第 1 版

印　　次：2024 年 11 月第 1 次印刷

定　　价：58.00 元

前　言

　　大学生是祖国现代化建设所需的重要人才。健壮的体魄、良好的心理素质、高尚的道德情操已成为 21 世纪对人才的基本要求。大学生正处于身体发育的旺盛阶段，树立健康第一的思想、培养良好的体育锻炼习惯、掌握科学的体育锻炼方法，对于提高大学生个人身体素质，进而提高全民族体质，具有特别重要的意义。高校体育教学是我国高校教育和体育教育的重要组成部分，在促进我国体育和教育事业发展、促进大学生健康全面发展方面发挥着重要作用。

　　本书围绕体育教学展开论述，首先介绍了体育教学的概念、特点、任务、原则以及教学理念，在此基础上，阐述了体育教学的内容、体育教学的模式以及体育教学技能的训练。同时介绍了田径运动、球类运动以及健身健美运动的教学和训练实践，以期培养学生对体育的兴趣，提高体育的教学效率，全面提高学生的体育素养。本书还对新时代体育教学的创新提出了自己的看法，探究了新时代高校体育教学的新思路、"互联网+"与现代体育教学的关系以及现代教育技术在体育教学中的应用等。本书通过体育教学，对学生进行思想上的教育，向学生传授体育理论知识，让学生学习运动技术、掌握运动技能，从而提升对体育锻炼意义的认识，培养学生对体育运动的兴趣和爱好，适合广大高校师生和体育爱好者参考使用。

　　由于编者编写水平及时间有限，书中难免有疏漏或不妥之处，敬请读者和同仁批评指正。

王靖　朱有福　贺青

2023 年 12 月

目　录

第一章 体育教学概述

导 读

体育教学是按一定计划和课程标准进行的有目的、有组织的教育过程。体育教学由教师和学生共同参与，其任务是向学生传授体育知识、技术与技能，增强其体质，培养其道德、意志、品质等。它是学校体育实现的基本形式，是体育目标的实施途径之一。

学习目标

1. 了解体育目标的概念。
2. 掌握体育目标的原则。
3. 明确体育目标的理念。

第一节 体育教学的概念与特点

一、体育教学基础知识

（一）教学的概念

教学的突出特征在于它是一种特殊的教育活动。广义上讲，教学是指教的人指导学的人以一定文化为对象进行学习的活动，教的人不仅指教师，还包括各种有关的教育者；学的人不仅指学生，还包括各种有关的学习者。狭义上讲，我们所说的教学就是学校教学，是专指学校中教师引导学生一起进行的、以特定文化为对象的教与学相统一的活动。在范围上，教学特指各级各类和各类形式学校中的教学，一般在家庭中和社会上不用"教学"而用"教育"；另外，教师在教学活动中的角色是组织引导者，而不是传统意义上的"主宰者"，这是当代的新观念；同时，教学既不仅仅是"教"又不仅仅是"学"，而是教与学的统一，教融于学中，学有教的组织引导。

因此，教学就是在教育目的的规范下，教师的教与学生的学共同组成的一种教育活动。通过教学，学生在教师有计划、有步骤的引导下，掌握系统的科学文化知识和技能，发展智力、体力，陶冶品德、美感，形成全面发展的个性。

（二）教与学的关系

教与学作为两个不同的动词和动作即过程，作为两个不同的名词和与此有关的人的行为即活动。这两种活动既是单独的、双边的，也是共同的、统一的。

教与学是两种活动、两种过程。教是教师的行为和动作。教的意义一般是指"讲授""教授""传授"，还可指教学。前者是一种较古老的教，后者是把教作为一种职业，即教授学生的职业，没有把教和学分开，也可作为教授的代名词。

学是学生的行为和动作。学的意义是学习、模仿、掌握等。在教学活动中，教师、学生、教材以及教学环境等因素之间交互作用与联系，构成了一系列错综复杂的教学关系，其中教与学的关系是教学活动中最根本的关系。在教学中首先要抓住这一根本关系，去研究教学的问题，揭示教学的规律。

教与学是两类不同的活动，这两种活动是单独的，分别由教师和学生进行。原则上是可以独立存在的，但实际上是分不开的。既不能只强调"教师中心论"，也不能只看重"学生中心论"。

一方面，只教是不行的。因为教需要对象，没有对象的教是无意识的教，不可取。教学的形式大多是指课堂的教学，有意识的教，有意识的学；有教材的教，有教材的学；有计划的教，有计划的学；这是基本原则。这样，教学就是教师教、学生学，是双边活动。在某种意义上，也是共同的活动，就是大家在课堂上，为了一个共同的目标：学生的学习。人们发现不管有多少不同的教师，用什么不同的教法，总有一些学生学得不错，也总有那么几个学生是班级最后几名。人们还发现一个教师用一种方法使用同一本教材，有的学生一段时间学得很好，而另一段时间却恰恰相反。这说明一个问题，学生的学习效果不仅取决于教材和教学方法，还受到学生自身特点的影响，如学习风格、兴趣、能力等。

另一方面，片面地只强调学也是不科学的。"学生中心论"把"教室"变成了"学室"，把"教材"变成了"学本"等。总之，要把以教师为中心，变成以学生为中心。这种认识认为教师的主导作用和学生的主体作用是教学的一般原则，这无疑是一大进步。第一，要认识到学生在教学中的作用；第二，要认识到教与学不能互相代替，既不会以讲代学，以学代讲，以讲代练，也不会放任自流。

总之，教学就是教与学，不是只教，不是只学，更不是教+学，应是教授和学习的统一体，是教师和学生的共同活动，这两种共同活动是建立在"教授主旨是促使学习的活动"和"教授的证据在于学习"的理论上。这既阐明了教与学的关系，又暗示了教与学的统一。

（三）体育教学

体育教学论研究的对象是体育教学。体育教学与其他各科教学一样具有共同性，都是一种有目的、有计划、有组织地对学生传授知识和技能，发展智力和体力，培养品德和形成个性的教育过程。但又有其特殊性，它是实现学校体育目的任务的基本途径。今天，体育教学已不限于学校体育，它还兼及竞技运动和社会体育的教学，但学校体育的目的、任务主要是通过体育教学来实现的。因此，把体育教学定义为：在学校教育中，学生在教师有目的、有计划、有组织的指导下，积极主动地通过掌握技术和技能，增进身心健康，提高身体活动能力、自然和社会环境适应能力，培养良好的思想品德，促进个性发展的教育过程。

1. 体育教学的构成要素

从系统论的观点看，可以把体育教学过程当作一个整体系统来考察，即体育教学系统是一个多层次、多要素的复杂系统。所以，体育教学系统的要素即体育教学过程的要素。体育教学过程的每一层次都包含着相同的要素，这些要素的整合就构成了完整、统一的教学过程。关于体育教学组成要素有三种不同的观点：

一是三要素说。该观点认为，体育教学系统是由体育教师、学生和体育教材三个基本要素构成的；二是四要素说。该观点认为，体育教学系统是由体育教师、学生、体育教学内容和体育教材手段四个要素构成的；三是五要素说。该观点认为，体育教学系统是由体育教师、学生、体育教材、体育教学方法和教学物质条件这五个要素构成的。

从以上几种观点可以看出，无论是哪种观点，有三个基本的要素是共同的，即体育教师、学生和体育教材。体育教学活动的主体是人，体育教学过程是教师与学生双边统一活动的过程，因此体育教师和学生是体育教学必不可少的两个基本要素。除此之外，它们共同的作用对象是体育教材。在这一教学过程中，教师是通过教材这一媒介与学生发生作用的。体育教学系统的构成性要素主要是体育教师、学生和体育教材。它们之间是相互联系、相互依存和相互作用的。

学生作为正在成长中的、学习中的主体是有千差万别的，由于体育教学中学生直接参与，学生在体育活动中出现的差异更加明显与突出，更需要教师对学生的认识了解。每一位学生无论是体形、体能和身体功能，还是情感、气质、性格、兴趣、爱好以及个性等，由于遗传、家庭、学校和教育等方面的原因，表现出明显的差异性。

体育教师在体育教学中担负着社会的使命——培养下一代。因此，无论从哪个角度讲，体育教师都是体育教学系统中起关键性作用的因素。体育教师的个性、能力、水平、事业心、责任感以及体育教师与学生的关系和教师在学生中的威信，都对体育教学的效果产生重要的影响。

体育教材是指体育教师指导学生进行体育学习的一切教育材料，它是体育教学中师生相互作用的媒介，是体育教师要教，学生要学、练的对象。体育教材的选择与组织，一方面要考虑社会发展的需要，尤其表现在社会发展对教育、学校体育目标的制约；另一方面，要考虑体育运动特点，要充分考虑学生对体育教材的理解、接受与喜爱的程度。体育教材的内容范围、难度等都直接影响着体育教学的成效，也直接影响学生的身心发展。

2. 体育教学的规律

（1）要遵循与学生身心发展水平相适应的规律

教育和教学必须与学生身心发展水平相适应，这是一条基本规律，体育课也必须遵循这条规律。体育课要促进学生的一般发展和特殊发展，这就要求体育课的目标要定得适当，教学方法、手段等也要适当。要达到这点，就必须了解学生的现有发展水平，针对学生的"最近发展区"，促进其不断发展。

（2）要遵循学生生理和心理指标起伏变化规律

在体育课的教学活动过程中，学生的生理和心理方面都承受着不同强度和数量的负荷，引起一系列生理和心理指标的变化。由于在体育课的教学过程中，学生有各种不同的学习活动方式，如听讲、观察、进行身体练习、帮助同伴以及休息，等等。这些方式的改变，对学生身心有着不同程度的影响，于是学生生理指标和心理指标的变化易呈现波浪形，这种高低起伏的变化是体育课教学特有的，是客观存在的，体育课的进行要遵循这个规律，保持合理的生理、心理起伏变化的节奏。

（3）要遵循感知、思维和实践结合规律

体育课上学生大部分时间是在从事身体练习，耳、眼和机体等感官直接感知动作，大脑积极思考如何行动，机体去协调做动作。其中，直接感知是基础，思维是核心，实践是归宿。这三个环节是紧密结合的，缺少哪一个都会影响体育课教学的效果。因此，这也是体育课必须遵循的。

（4）要遵循掌握体育知识技能螺旋式上升的规律

体育课教学要向学生传授有关的知识、技术和技能等。一种知识、技术和技能掌握以后，如果不及时强化，就会遗忘或消退。当前面传授的知识、技术、技能出现衰退时，后面的体育课应改变这种现象，使前面学习的知识、技术、技能得到巩固、完善和提高。所以，学生掌握体育知识、技术、技能螺旋式上升，也是体育课教学应遵循的一条规律。

二、体育教学的目标与特点

（一）体育教学目标及相关概念

1. 体育教学的条件关系

体育教育领域中，与体育教学目标相关的术语较多，如体育教学目标、体育教学任务等，因而人们容易混淆。那么，"体育教学目标"与相近的"体育教学目的""体育教学任务"之间是什么样的关系呢？

（1）体育教学目的、体育教学目标、体育教学任务的含义

①体育教学目的。体育教学的目的就是人们设立体育学科和实施体育教学的

行为意图与初衷。体育教学目的也是贯穿整个体育教学的指导思想，是对体育教学提出的概括性的和总体性的要求，它把握着体育教学的进展方向。

②体育教学目标。体育教学的目标是努力的方向和预期的成果，是"要在各个阶段达成什么和最后达到什么"的意思。由此而论，体育教学目标是人们为达到体育教学的某个目的在行动过程中设立的各个阶段预期成果以及最后的预期成果。

③体育教学任务。体育教学的任务是受委派担负的工作或责任，即上位的人或事对下位的人或事提出的要求及布置的工作，是"要做什么"的意思。由此而论，体育教学任务是为了完成体育教学目的、实现体育教学目标所应做和必须做的工作。

（2）体育教学目标、体育教学目的、体育教学任务三者之间的关系

体育教学目标、体育教学目的、体育教学任务三者之间应是如下的相互关系。

第一，各个阶段的体育教学目标的总和就是最终的体育教学目标。

第二，最终的体育教学目标是实现了体育教学目的的标志。

第三，体育教学任务是为实现体育教学目的和体育教学目标所应做的实际工作和责任。

（3）教学目标与教学任务

体育教学任务是为了完成体育教学目的、实现体育教学目标所应做的而且是必须做的工作。教学目标与教学任务虽然是同一个范畴，但又有区别：第一，教学任务是以教师为主体的，教学目标则是在一定教学时间内各种教学活动行为要达到的标准和境界。它是以教师为主导、学生为主体的；第二，教学任务是比较笼统的，分不出阶段和层次。教学目标的描述由于采取了具体的行为动词，因而对教学过程的阶段、深度和层次有明显的限定；第三，教学任务是教师对教学的期望，缺乏量和质的规定性，观察和测量都难以进行，其结果难以评价。教学目标则将教学任务具体化和量化，可观察、测量，或作为评价的依据；第四，教学任务一般为教师所掌握。教学目标则师生都要明确和掌握，学生可以根据教学目标进行自我学习和自我检测，有利于提高学生学习的主动性和兴趣。

（4）体育教学目标的概念

体育教学目标是依据体育教学目的而提出的预期成果。这个预期成果可分为

阶段性成果和最终成果，阶段性成果是体育教学的阶段目标；阶段性成果的总和就是最终成果，即体育教学总目标。体育教学总目标是体育教学目的得以实现的标志。

2. 体育课程目标的层次结构

体育课程的目标应是什么呢？是促进学生的全面发展，是"增强体质"或"促进健康"，还是学会某项运动技术？从这些目标当中可以看出，它们之间并不是处在同一层次上的。此外，对于同一层次的目标而言，还存在不同领域和水平的区分。课程目标是有层次结构的，不同的层次结构发挥着不同的功能。

（1）课程目标的纵向层次

根据目标的上下层次关系，可以依次将课程目标分为以下几种不同的层次。

①课程的总体目标——教育目标。所有课程的共同目标，即课程的总体目标。课程的总体目标的规定，反映了特定社会对于合格成员的基本要求，与该社会成员根本的价值观一致，一般有浓厚的社会政治倾向。这一层次的目标经常被写进国家和地方的法规，或其他形式的重要的课程文件当中。

从国家或整个社会的角度来看，教育目标只能是总体性的、高度概括性的，而不可能是具体的、菜单式的。就课程编制而言，总体目标具有导向性，渗透在课程编制的各个方面，可运用于所有的课程实践。例如，在考虑课程的宏观结构时，必须服从教育目标的根本方向，在决定课程的具体内容时，必须保证与教育目标要求符合，像义务教育阶段各门课程的设置，能否满足学生全面发展的要求。各门课程所选择和涉及的内容，是否与学生全面教育目标方向相一致，等等。当人们从总体上考虑和判断具体课程的意义和价值、课程结构的科学性、课程内容的合理性时，经常是用教育目标作为根本依据的。

②课程的总体目标的具体化——培养目标。课程的总体目标——教育目标，是整个国家各级各类学校必须遵循的统一的质量要求，各级各类学校根据国家的教育目标和自己学校的性质、任务对培养对象提出特定的要求，这就是人们平时所讲的培养目标，如基础教育、高等教育等培养目标。培养目标是总体目标在各个教育阶段或不同类型学校中具体化的体现，两者没有实质性的区别。

尽管培养目标是教育目标的具体化，但仍然具有高度的概括性，如通常用发展学生文化、科学、技术的基础知识和基本技能等表述方式，并不涉及具体的学科领域，而只是对各个教育阶段和各级各类学校中的各种学科课程的编制提供相应的依据。同样，各个教育阶段和各级各类学校中体育课程也是根据培养目标而编制的。

③学科领域的课程目标。学科领域的课程目标实际上就是人们通常意义上所讲的课程目标，这一层次的目标适用于一定阶段的具体课程，要研究的体育课程的目标就是属于这一层次的。这个层次上的目标比培养目标更为具体，可以说是培养目标在特定课程领域的表现。学科领域的课程目标的确定首先要明确课程与上述教育目标、培养目标的衔接关系，以确保这些要求在课程中得到体现；其次，要在对学生的特点、社会的需求、学科的发展等各个方面进行深入研究的基础上，才有可能确定行之有效的学科领域课程目标。学科领域的课程目标有助于澄清课程编制者的意图，使各门课程不仅要注意到学科的逻辑体系，而且还要关注教师的教与学生的学，关注到课程内容与社会需求的关系。体育课程的目标实际上就是结合体育学科本身的特点、教育目标、学校的培养目标、学生的特点以及社会的需求而制定的。

④学科领域的课程目标的具体化——教学目标。尽管学科领域的课程目标有细化和可操作性的趋势，但仍然是总体性的或阶段性的一般目标；而作为短期的某一教学单元以至某一节体育课，又如何分析它的目标体系呢，这通常称为单元或课的教学目标。实际上它们是学科领域的课程目标的进一步具体化。课的教学目标又是单元教学目标的具体化，是最微观层次的课程目标。这一层次的目标通常分析到操作化的程度，它往往与具体的情景联系在一起，对体现较抽象的课程目标的结果给予明确的界定，引导教学的展开。

教学目标是一所学校在确定体育课程的实施方案并制订以单元为基础的全年教学计划以后，由任课教师制定的，它是教师制订单元计划和课时计划的根据。在过去，我国较为重视的是课时计划，并把一堂课看作最基本的教学单位。其实一堂课是最基本的教学单位，却不一定是一个完整的基本教学单位，因为一堂课不能把一个教学系列完整地教给学生，有时只完成其中一部分。只有一个教学单元才能把一个完整的教学系列教给学生。因此，在改革的新形势下，应当更为重视单元计划的构建和单元目标的设计。

（2）课程目标的横向关系

课程目标的横向关系实质上反映了各种目标的区分以及相互关系。"目标领域"是指预期学生学习之后所发生变化的内容领域。在教育目标这一层次上，我国通常用德、智、体或德、智、体、美、劳来划分目标领域。无论怎样划分目标领域，各领域对总的目标来说都应当具备逻辑的合理性，它们彼此之间在相互关系上虽然可能是并列和平行的，这样使议程目标更加具体、清楚和明确，但它们之间必须是个相互联系的整体，每个领域都不能脱离其他领域而单独实现课程目标。

（二）体育教学目标与体育学科功能、价值的关系

1. 体育学科的多功能

功能取决于事物的性质和特点，同理，体育学科的功能来自体育学科自身所具有的性质和特点。由于体育学科的内容产生于不同的文化现象，如产生于军事中的体育活动、产生于民间娱乐中的体育活动、产生于教育中的体育活动、产生于养生保健中的体育活动、产生于竞争竞赛中的体育活动，等等。因此，体育学科具有了上述这些文化母体所带有的多样功能和特征。

2. 体育学科的价值

由于体育学科具有多样的功能和特征，使体育学科具有了价值取向多样性。功能与价值有着非常密切的联系，但二者又不相同，功能是一个事物或物体固有的作用范畴，而价值则是利用者面对这个事物时的态度和选择，即价值取向。虽然体育学科的功能是相对稳定的，但在不同的历史背景下和不同的国度中，体育学科的各个功能被不同程度地加以利用，体育学科被赋予各种各样的价值，此时，体育学科有些功能可能被忽视，这方面的价值也难以实现。

当然，人们在注重追求某种体育功能并努力实现某种体育价值时，也并不是绝对单一的，在多数情况下，人们是同时追求几种体育的功能，注重实现体育的多种价值，只不过是更注重、更强调某个功能而已。

3. 体育教学目标、体育学科的功能及价值之间的关系

功能、价值和目标的意义各不相同。功能是一个事物固有的、客观的属性；而价值是外赋的、主观的属性；目标则是根据功能进行价值取向后的行为效果

指向。

功能是事物固有的和客观的属性，而价值是外赋的和主观的属性，也就是说，一个事物即使具有这个功能，而人们如果没有看上这个功能，也不会把这个功能的实现作为目标；相反，一个事物不具有这个功能，即使人们非常希望通过这个事物实现这个功能，也是无济于事的。所以，既不能将功能简单地等同于目标，也不能将价值简单地等同于目标。虽然认识到了体育的多种功能，但也不能将这些功能都不加分析地作为体育学科的目标。

体育学科的功能不会有大的改变，但不同的社会和不同的历史阶段会有不同的体育价值取向，因此体育教学的目标会随着社会的变化与发展产生相应的变化。

（三）合理制定体育教学目标的意义

根据以上的分析，可以看出：合理地制订体育教学目标对于体现体育学科的功能，完成人们对体育学科的价值期待是非常重要的。合理制订体育教学目标的意义主要体现在以下几个方面：

1. 充分发挥体育学科教学的功能

只有合理地制订了体育教学目标，才能明确要实现哪些体育教学的功能，如健身的目标可以帮助实现体育教学的健身功能；愉悦身心的目标可以帮助实现体育教学的满足乐趣功能；传授技术的目标可以帮助实现体育教学的授业功能，等等。如果乱定体育教学目标就不能充分发挥体育教学的功能，如有些老师不适当地制订了"研究"和"创造"的体育教学目标，使目标偏离了体育教学的基本功能，因此也就无法发挥好体育教学的主要功能，使这些体育课上得空洞而虚假，也使体育教学的质量大为下降。

2. 保障实现体育的教学目的

只有合理地制订了体育教学目标，才能稳妥地实现体育教学的目的。如前所述，体育教学目标是体育教学目的的实现的标志，如使学生的体格强健是健身目的的标志；使学生每个单元每节课都能愉悦身心是促进学生运动参与的标志；让学生在本学段学好一项有用的运动技能是促进学生体育实践能力形成的标志，等等。如果总的体育教学目标不是体育教学目的的标志，那么就意味着体育教学目的（意图）没有得到实现。

3. 确保层层目标衔接，最终实现总目标

如果制订好了每一个阶段的体育教学目标，就可以保证阶段体育教学目标的总和等于总的体育教学目标，那么就意味着总的教学目标可以顺利完成；反之，如果错定了阶段体育教学目标，就使阶段体育教学目标的总和不能等于总的体育教学目标，那么就意味着总的教学目标没有完成。因此，正确地制订好各个层次的教学目标，层层目标衔接，是最终实现总目标的可靠保证。

4. 明确和落实体育的教学任务

体育教学目标决定着具体的体育教学任务。目标是标志，没有标志就没有方向，但只有标志没有具体的行动，标志也是没有意义的。因此，要有具体的体育教学任务来支撑目标的实现。体育教学任务要以体育教学目标为依据，好的目标有助于明确教学任务，体育教学目标是"的"，体育教学任务是"矢"，有了明确的目标，教学的任务才能"有的放矢"，切实有效。

5. 规范了体育教学过程

体育教学目标不仅在方向上对体育教学起着指导作用，而且在具体的步骤和方法上也具有规约的作用。体育教学要取得怎样的结果；要先达到怎样的结果，再达到怎样的结果；它们之间是怎样的逻辑关系；这些都要靠制订阶段的体育教学目标来明确。体育教学目标预先规定了体育教学的大致进程，体育教学的展开过程就是体育教学目标得以实现的过程。因此，清晰的体育教学目标有利于体育教师对教学活动的控制，有利于提高体育教学设计的预见性和科学性。

6. 指引、激励教师的教与学生的学

目标反映了人的愿望和努力方向。当明确的目标意识延伸到人的行为领域，并同行为相联系的时候，则形成动机和动力源泉。虽然体育教学目标并不完全是由任课教师和上课学生群体制订的，但合理的体育教学目标必定充分反映着教师的努力方向和学生的学习愿望。因此，科学合理的体育教学目标必定可以指引教师的工作，必定可以激励学生学习。体育教学目标为教师指明了体育教学工作的预期成果，使他们清楚地知道自己工作的努力方向。体育教学目标的不断实现还会使教师受到鼓舞，实现过程中的困难也会促使教师去发现和解决问题，所以明确具体而切实可行的教学目标，可以指引教师努力地工作；同理，体育教学目标也为学生的体育学习提供了努力的方向，使他们清楚地知道自己与预定目标之间的差距，学习目标的不断实现会使学生受到鼓舞，实现过程中的困难也会使学生受到鞭策。所以，明确具体而切实可行的教学目标可以激励学生努力地学习。

（四）体育教学的特点

1. 身心合一的健身统一性

体育对人自身自然的改造，不仅是形态结构与生理机能的统一，也是身与心的统一。体育教学要在追求学生身体改造的同时，注重学生无形的心理发展。因此，体育教学要善于营造不同于智育教学的、生动活泼的教学气氛，为学生的心理健康发展提供良好的环境。要善于利用体育活动自身所蕴含的吸引力，并通过合理的教学组织，使这种吸引力倍增和放大。体育教学应是一种快乐的教学，重过程的主动参与，重情绪的积极体验，重个性的独立解放，使人际关系宽松和谐，使学生在轻松愉快的环境中，在欢快愉悦的心境下，自由自在、无忧无虑、不知不觉地获得身心的健康发展。

体育教学中身心合一的健身统一性体现于三个方面：

第一，在体育教学中选择教材时，不仅要注重教材对学生身体各部分、各种运动能力和各种身体素质的积极影响，而且要注重教材对学生心理的影响，尽可能从心理学、美学和社会学方面使学生得到良好的体验，在完成动作的过程中，不知不觉地感受协调、默契、流畅和成功的欢喜与愉悦。

第二，体育教学的组织教法必须克服一体化的固定模式，体现体育教学生动活泼的教学形式，让学生活动得更自由、更自在、更开心、更充分，从而达到身心和谐与内外兼修的目标。

第三，在注重学生生理负荷起伏变化的同时，还要注重心理活动起伏变化的规律。在体育教学中，学生的身心同时参加活动。在反复的动作和休息交替的过程中，学生的生理机能变化有一般的规律：当进行练习时，生理机能水平发生变化，开始上升；达到一定水平后，保持一定时间，然后再开始下降。在一定范围内，由于练习与休息进行合理的交替，所以学生的生理机能变化呈现一种波浪式的曲线。与此相适应的，学生的心理活动也呈现高低起伏的曲线图像。这种生理、心理负荷波浪式的曲线变化规律，体现了体育教学鲜明的节奏性和身心的和谐、统一。

2. 体育教学过程的教育性

"教学过程永远具有教育性"，这是任何教学过程的一条基本规律。古今中外的体育教学，概莫能外。体育教学的教育性主要体现在两个方面：

第一，在体育教学中组织每一项活动，均有一定的目的任务、组织原则、规则要求、需要学习和掌握相应的动作技术，以及克服各种各样的困难等，这些是构成体育环境的基本因素。学生在这一环境中进行学习、锻炼或参加比赛，就会受到直接的影响。同时，体育环境还包括教师使用的教材、采用的教学方法、教学环境、教学条件、学校传统和班级风气等，这些都会有力地吸引、潜移默化地熏陶感染和教育有关的人；提供了许多学生乐于自愿接受、更多情况下是不知不觉接受的、有利于个性品质形成的机会和情景，并可促进良好的思想品德和个性品质迁移到学习、生活和工作等各个方面去，以收体育之效。

第二，在体育教学中，学生的思想感情和作风，很容易自然地表现出来。这有利于教育者把握学生的思想实际和特点，从而对他们进行有针对性的教育。体育教学中，思想品德教育的内容是极其丰富的，概括地说，主要包括：培养热爱集体的情感和意识，培养团结友爱、关心他人、互助合作的思想和意识，培养竞争意识、胜不骄败不馁的精神，培养坚韧不拔、勇敢顽强、机智果断等优良意志品质，以及心情开朗和愉快活泼的良好性格。

3. 教学目标的多元性

体育教学目标既有强身健体、提高运动技能的目标，又有调节情感、提高心理素质的目标，还有促进交往、建立和谐关系、规范运动行为、促进社会化等目标。

4. 授课活动的复杂性

为提高教学的有效性，体育教师课堂教学特点非常突出。不仅需要组织有序得当，还需要调控学生的运动负荷；不仅需要言传指导，还需要动作示范；不仅需要具备一定的教学素养，还需要掌握运动技能。体育教师的教授不仅是体力活动，也是智力活动。体育教师不仅是知识技术的传授者，也是活动的组织者。由此可见，体育授课活动不是看着那样简单，较理论学科的授课活动要复杂。

5. 内容编制的制约性

体育教学内容不仅包括体育理论知识内容，还有身体锻炼内容和体育运动项目内容，各内容在教学中所占比重的多少，都将受到体育教学目标和教学时间制约。另外，虽然体育教学内容中有些运动内容之间逻辑性不是很强，但这些内容也不能随意编制，不仅要考虑内容的功能与价值，还要考虑学生的身心特点，更要切合当地和本校的实际情况。

6. 环境管理的重要性

体育教学大多在室外或体育场馆里进行，这些场地环境受外围影响比较大，特别是户外，还受季节和气候的影响。另外，学生在体育活动中流动性的特点，也使开放性的教学环境的管理更加复杂。教学的安全性、健康性、有效性等都要求重视教学环境的管理。

第二节　体育教学的任务与原则

一、体育教学的任务

（一）　学习掌握体育的基础知识

使学生理解体育的目的任务和体育在教育中的地位和作用；学会基本实用的身体锻炼的技能和运用技术；使学生掌握与了解身体锻炼的基本原理和科学锻炼身体的方法，以适应终身锻炼身体的需要。

（二）　发展学生良好的思想品德

培养学生勇敢顽强和富于创造的精神，遵守纪律、团结协作和朝气蓬勃的体育道德作风；因势利导，全面地发展学生适应社会和生活需要的个性；提高学生对体育的认识，培养经常参加身体锻炼的兴趣和习惯；陶冶美的情操。

（三）全面发展学生的身体

根据学生的年龄特点，有计划地进行各项内容的体育教学，以促进学生身体的正常生长发育和生理功能的发展。

上述三项体育教学任务是互相联系的统一的整体，它是通过体育的实践活动和理论讲授完成的。这三项体育教学任务，必须协调一致，全面贯彻，不可偏废。但在具体教学中，根据课程的具体任务、教学要求和教材特点而有所侧重，也是理所当然的。

二、体育教学的任务完成

要想在课堂上圆满地完成体育课的任务目的，用传统的教学方式很难达到教学大纲和教材对学生的要求。从时间上说，看一堂课学生锻炼和掌握动作质量的好坏，密度是关键的一环。如果将大量的知识技术传授给学生，而学生没有足够的时间去消化和掌握，那就很难使所传授的知识和技术转换成有效的课堂质量。由于动作的难度与动作的特殊性，以及教师对动作、体态、语言表达的差异，使教师在教某些动作时，很难使学生通过视觉、听觉准确而完整地了解动作的全过程，给课堂教学带来了一定的困难。

在语言与动作的结合方面，体育课上有很多动作往往是教师一边做一边进行解说。这对于慢做和那些可以分解的动作来说还是能够办到的。但对那些只能在快速而连贯的情况下才能完成的动作，就很难做到两全其美了。

因为场地、队形、视角、环境等问题，教师在教授某一动作时，就要在不同的地点、方向上反复多次地进行示范讲解，才能使所有的学生都能看清和听清动作的做法和要领。这就在无形中浪费了时间，加大了教师的工作量，减少了学生练习的时间。

为了解决体育课中存在的上述问题，很多体育教师都总结了许多有效的方法。随着电化教学在各学科中的运用与推广，电化教学也以它快速省时、生动直观、图文并茂、信息量大、容易接受的特点为体育教师所采用。在室内理论课中，电化教学一改过去那种教师在上边讲、学生在下边听的常规惯例，利用幻灯片、投影、录像等电教手段将学生深深地吸引到了教材之中。在课堂上教师在连贯动作示范中无法做出停顿的一些动作，通过画面的定格处理，教师就可以很自然地加以解说。利用字幕和解说也可节省大量的板书和阅读时间，提高授课质量。

在新授课上采用电化教学，可以提高学生的学习积极性，集中学生的注意力，便于教师对学生的组织与管理。由于电化教学内容是事先制作好的，也就不会再出现教师在做示范动作时的失败和重复讲要领、做动作的现象。学生可以在最短的时间里就看到最标准最完整的技术动作，听到最简练的技术要领，建立起真实、完整、逼真、系统的表象认识过程，使学生减少错误的动力定形。

复习课是学生对已学过的动作进行练习改进和巩固掌握。在复习课上使用电教手段可以加深学生对技术动作的认识理解，将感性认识上升到理性认识的高度。教师既可以将所学过的动作逐一定格让学生对照动作进行有针对性的练习，也可以放录音或录像让学生集体进行复习练习。这样不但巩固了所学的知识而且培养了学生协同一致的良好习惯，对发扬集体主义精神也能起到好的作用。

如果在上综合课时用"分组轮换"的形式进行组织教学，教师就可以集中精力辅导新授教材的一组，而进行复习的一组可以在电化教学的情景中进行自我学习。当教学中因动作本身的难度，教师无法亲身去做示范，学生对动作的方位距离、运动轨迹等空间概念产生疑问时，使用电教手段可以轻松地解决这一难题。如在跳跃练习中起跳后的腾空动作，电影、录像、幻灯片都可以在不改变动作技术的情况下，运用慢放或定格的手法，将动作清晰地展现在学生面前，为教师在课堂中讲解动作重点、难点，提供了行之有效的手段。运用电化教学可以帮助教师整理数据资料。总之，要想使电化教学在体育课上运用得好、收效大，就需要做好以下几点：

第一，要根据教学内容、学生情况、课程类型、授课环境、场地器材、组织形式、教学程序、时间分配等条件，来选择电教设备、教学手段等。

第二，必须熟悉电教设备的性能、使用方法及实际操作，以确定选择内容和使用的具体时间。

第三，在备课时要将传统教法与电教手段相结合一同备入教案，要培养几名能够操作电教设备的学生做助手，以便在课堂上进行分组轮换时，学生能自己组织练习。

第四，课前要教育学生爱护公共财物，爱护电教设备，遵守纪律，保证课堂秩序。

第五，要充分利用电化教学的声响、画面、解说等手段对学生进行思想品德方面的教育，提高学生积极性，培养良好的自我锻炼习惯，使学生得到全面发展。

三、体育教学的原则

（一）体育教学原则的概念

体育教学原则是实施体育教学最基本的要求，是保持体育教学性质的最基本因素，是判断体育教学质量的基本标准。

（二）体育教学理论依据

按照整个教育科学领域的理论层次来说，应当是这样的。教育理论，从大的方面来说，有教育本质论、教育目的论、教育价值论、教育规律论、教师论、学生论、德育论、智育论、美育论、教学论以及德育体制与教育管理理论等许多方面。

教育目的论、教育价值论所要涉及的人的发展理论无疑对教学原则有重大影响。关于人的全面发展的目标是最基本的，教学应当体现教育目的是这一目标最重要的内容，这一点应为教学原则的制订所充分考虑。课程论、教师论、学习论，这些也是对教学原则制订有影响的。教学中的几个基本要素——教师、学生、教材，它们的相互关系及其正确处理是教学原则所应当回答的问题。传统的教学原则研究一般只从教师的角度讲，尽管教学原则必然主要为教师所掌握和运用，但应涉及教学中几个基本要素的关系。对于教材，系统性原则对之给予了部分的注意，特别给予注意的是结构原则。

（三）体育教学原则的作用

体育教学原则是体育教学过程中必须遵守的准则或标准。作为体育教学工作的指导原理和基本要求，体育教学原则对体育教学工作具有指导作用。在体育教学过程中，体育教学原则既是出发点，又是调节中枢。它在一定程度上具体决定着教学内容的安排、教学方法的选择和教学组织形式的运用。学习和掌握体育教学原则，能按照体育教学的客观规律组织教学活动，正确解决教学内容、教学方法和教学组织形式等一系列理论与实践问题；遵循体育教学原则进行体育教学，就能提高体育教学质量，反之，违背了教学原则，就会降低教学效果，甚至劳而无功。

体育教学原则作用的发挥，不是某个原则所能单独完成的，而是需要一个完整的体育教学原则体系以发挥整体功能。所谓教学原则体系，是指反映教学规律的多个原则之间不是孤立分散的原理，而是有机地相互联系的组合。只有建立一个科学完整的体育教学原则体系，才能发挥体育教学原则对整个体育教学过程的指导作用。由于人们对体育教学规律认识的角度不同，在构建体育教学原则体系的过程中，有的从社会学的角度出发，有的侧重教育学，有的偏重心理学等。就如何建立一个完整的体育教学原则体系，目前的体育教育理论界认识尚不一致。

（四）体育教学原则

1. 自觉积极性原则

自觉积极性原则是指在教师主导下，充分调动学生学习的自觉积极性，发挥学生的主体作用，培养学生学习的主动性和创造性，把认真完成学习任务，变成自觉的行动。

确定自觉积极性原则的依据，这一原则指的是，在教师主导下学生的自觉积极性。它是由教师的教与学生的学的双边活动过程的教学规律决定的。师生关系是体育教学过程中的一对基本矛盾，矛盾的主导方面是教师。因为教师是教育者，他们掌握比较丰富的体育知识、技术和经验，能满足教好学生的需要。在实施教学计划过程中，教师的教起着主导作用，它不仅表现在对计划的制订和执行上，而且还表现在对教学过程的调节和控制上。学生是教学的对象，是知识、技术的接受者，是学习的主体。但是，学生学习的自觉积极性不完全是自发的，还取决于教师的指导、传授、调节和控制。反过来，学生有了学习和练习的自觉积极性，又能主动地自我调节和控制，并与教师的调节和控制协调一致，才能保证预定教学目标的实现。所以，在体育教学过程中要把教师的主导作用与调动学生学习的自觉积极性很好地结合起来，这是提高教学质量的根本条件。贯彻和运用自觉积极原则的基本要求如下。

（1）了解和熟悉学生

教师必须了解和熟悉所教学生的特点和概况。要了解他们爱好什么、需要什么、擅长什么、有什么困难和不足，等等。这是教师搞好体育教学工作的前提。但是，真正做到了解学生是很不容易的。教师对学生的了解要做到"知人知面又知心"，能够做到这一点，关键在于教师，因为教师是师生关系中的主导者，教师不主动去了解和熟悉学生、关心学生，学生就不可能产生对教师的信赖，当然也就谈不上"知心"。只有做到"知人""知面""知心"，才会有调动学生自觉积极性的基础。

（2）发挥教师的主导作用

学生的自觉积极性不完全是自发的，还必须通过一系列细致工作才能充分调动起来。所以，要调动学生的积极性，必须发挥教师的主导作用。教师的主导作用，不仅表现在教学中，如教师通过讲解、示范、组织教学等手段，把学生引导到所教的内容上来，更重要的应是给学生提供和创造一种良好的条件，使外因能顺利而迅速地转化为内因，从而调动学生的自觉积极性。

（3）建立民主平等、情感融洽的师生关系

体育教学过程中，教师要为人师表、教书育人，既要严格要求学生，又要满腔热情地关心与信任学生，使师生关系融洽和谐，感情息息相通。这种良好的人际关系，有利于学生能动地参加到体育教学中。

（4）注意培养学生学习的内在动力

学生学习的内在动力，是鼓舞和推动学生的内驱力。教师应不断提高教学的艺术性和启发性，培养学生正确的学习动机和兴趣。动机是一切行为的前提，是推动学生学习、锻炼的心理依据。只有使学生形成了正确的学习动机，才能发挥学生的主体作用。

（5）培养学生自学、自练和自评的能力

自学、自练和自评的能力是养成学生经常参加体育锻炼习惯、培养终身体育锻炼意识的重要基础。在以教师主导作用为前提的情况下，要为学生自学、自练和自评能力的培养与发展，创设一个良好的外部环境，放手让学生独立自主、生动活泼、主动地学习与锻炼。

2. 直观性原则

直观性原则是在体育教学中，要充分利用各种直观方式和学生已有的经验，通过学生的各种感觉器官去感知事物，培养学生的观察能力和积极思维的能力，使学生获得直接经验和感性认识，为掌握体育知识、技术和技能奠定基础。

确定直观性原则的依据是辩证唯物主义的认识规律。从生动的直观到抽象的思维，并从抽象的思维到实践，这就是认识规律、认识客观实际的辩证途径。任何知识的来源，都源自于人的肉体感官对客观外界的感觉。在体育教学中，学生掌握体育的知识、技术和技能，也是从建立感性认识开始的。首先，必须使学生感知所学的动作，在感知的基础上建立起完整的、正确的动作形象和概念，从而为学生掌握体育的知识技术奠定基础。贯彻和运用直观性原则的基本要求如下：

（1）综合运用身体的各种感觉器官，感知体育教材，扩大直观效果

在体育教学中除通过视觉、听觉来感知动作的形象、结构和要领外，还要通过触觉和肌肉的本体感觉来感知完成动作时肌肉用力的程度、方法，及空间与时间的关系等，以扩大直观教学的效果。

（2）充分发挥教师本身对学生的直观作用

教师自身的一切活动，都是学生观察的目标，特别是教师的动作示范、语言表达等都是学生获得生动直观的主要来源。学生模仿能力很强，所以，要求教师必须加强自身修养，提高体育理论和运动技术水平，重视动作技术示范的准确性和规范性。

（3）充分运用多种直观教具和手段

要借助于多种教学媒介和各种现代化教学手段，如模型、图片、幻灯片、录像、录音、电影等，以发挥直观教学的作用。

（4）善于引导学生观察和激发学生积极思维的能力

直观性是通过学生直接观察运动动作的形象来实现的。学生在教师的指导下，通过分析、比较、弄清正在学习的与已学过的身体练习有何联系。辨别运动动作的技术结构，找出动作技术的关键，明确正确动作与错误动作的界限，从而形成运动动作的正确表象。同时还要防止一般化的观察和单纯形式的模仿。

此外，选择运用好各种直观位置和把握使用时机，也将会取得良好的直观效果。

3. 因材施教原则

因材施教原则是指体育教师在教学中，既要面向全体学生，提出统一要求；又要根据不同班级和学生的个体差异区别对待，把集体教学和个别指导结合起来，使每个学生的才能和特长都能得到充分发展。

确定因材施教原则的依据是学生身心发展的客观规律及个体发展不平衡性。同一年级和年龄组的学生，他们的身心发展规律具有共同点，因而体育教学可以对他们提出统一的规格和要求。同时，同一年级和年龄组的学生他们的身心发展又存在个体差异的发展不平衡性，如他们在身体形态、身体素质、运动能力、兴趣爱好、运动项目专长等方面都存有差异。这些不同点，又要求在统一的基础上，要注意区别对待，因材施教。贯彻和运用因材施教原则的基本要求如下：

（1）深入了解学生的一般情况和个体特点

这是进行因材施教的基础。教师要通过调查研究，全面了解班上学生的体育认识、兴趣爱好、思想品德、健康状况、体育基础、身体发展等多方面的情况，找出他们的共同点和差异，才能采取不同的方法，因材施教。

（2）面向全体，兼顾两头

教师要把主要精力放在提高学生的成绩上。在制订教学计划、确定教学的目标和要求时，应是大多数学生经过努力可达到的。同时，还要兼顾两头，解决"吃不饱"和"吃不了"的矛盾。对个别身体素质好，有体育才能的学生，要为他们创造条件，让他们参加课余体育训练，为提高专项成绩打基础。对体弱和身体素质差的学生，要热情关心、耐心帮助，使他们在原有的基础上逐步提高水平，完成教学要求。

（3）从客观条件的实际出发

教学中贯彻因材施教原则，还必须考虑学校的客观条件。不同地区、季节、场地器材设备条件，都会对体育教学起制约作用。教师在制订教学目标时，除了考虑教材、学生的特点、组织教法外，还必须考虑上述各方面的客观条件，这样才能更好地因材施教。

4. 身体全面发展原则

身体全面发展原则是指在体育教学过程中，教材内容的选择和安排要全面多样，使学生身体的各个部位、器官、系统的机能，各种身体素质和基本活动能力，都得到全面发展。

在体育教学中选择多种多样的不同性质的教材，采用多种有效的教学手段，有利于学生身体的全面锻炼和身体各个器官系统的机能得到协调的发展，养成正确的身体姿势。而长时间进行单一的、局部的锻炼，则达不到理想的锻炼效果，有碍学生健康。人体是一个完整统一的有机体。人体各器官系统的机能、各种身体素质和基本活动能力之间，都是相互联系、相互制约和相互促进的，某一方面的发展，会影响其他方面的发展与提高。因此只有以身体全面锻炼为基础，才能促进学生全面协调发展。贯彻和运用身体全面发展原则的基本要求如下：

（1）要全面贯彻教学大纲（或课程标准）提出的目标和要求

认真学习和领会体育教学大纲（或课程标准）的精神，全面贯彻教学大纲所提出的目标和要求。制订全年教学工作计划和教学进度时，应注意各类教材和考核项目的合理搭配，保证学生身体的全面锻炼。

（2）将身体全面发展的原则落实到课堂教学的全过程

课程的准备部分，要全面多样；基本部分的教材要进行科学、合理的搭配。较理想的方案是，准备部分要以活动全身各部位肌肉、关节和韧带为主，使全身各部位充分伸展，为完成课程的目标做准备；基本部分的教材，既有上肢为主的练习，又有下肢为主的练习，使学生身体得到全面、协调的锻炼和发展；课程的结束部分，要做好放松活动，并布置课外体育作业，有组织地结束一节课。

（3）要不断克服单纯从兴趣出发的倾向

体育教学中应激发学生的学习兴趣，使他们乐于上好体育课。古人说："知之者不如好之者，好之者不如乐之者。"因此，采用一系列手段和措施激发调动学生的学习兴趣是必要的。但是，要把激发学生的兴趣，与单纯从兴趣出发两者区别开来。所谓单纯从兴趣出发，就是以学生的兴趣为中心，甚至背离体育教学大纲和全面锻炼的原则，学生喜欢什么，教师就教什么、练什么，这种片面迁就学生兴趣的做法，长此以往，将会带来不良的后果。教师要善于引导，使学生对如何上好体育课和教师教学内容选择，有一个科学的、正确的认识。

第三节 体育教学的理念

一、"以人为本"教学理念

（一）"以人为本"教学理念概述

1. "以人为本"的理论基础

"以人为本"教学理念的提出是在现代人本主义教育思想的基础上发展起来的。人本主义教育思想的产生，源于对现代科学发展中人对科学产品的使用和在智能化时代发展过程中的人的价值的丧失的思考。

进入 20 世纪后，随着科学技术的快速发展，科学主义成为当代教育发展的主流。20 世纪 50 年代的教育改革中，各种教学思想、教学观点层出不穷，其中，认知心理学和行为主义者对人性的认识分析带来困惑，教育工具化，接受教育、获取知识的兴趣的快乐体验无法得到重视，教育单纯成为人们获得更高技能与认可的一个途径。

也正是在科学技术不断发展的影响下，人类社会的生产生活方式和模式发生了很大的变化，科学改变生活，对人们启发很大，人们依赖科技，也会越来越受制于科技，因此在教育层面，人们也越来越强调"人本主义"，旨在将人从"器物"中解放出来。现代人本主义强调，应将人类从依赖科技中解放出来，恢复人在世界中的本体地位，而非依附于科技发展。

从社会发展中人的主体地位的体现，到教育领域中对作为学习者、施教者的教学活动参与主体的"人"的重视，"以人为本"思想在包括教育在内的各个领域得到重视。

教育教学中的"以人为本"教学理念旨在将教学活动参与者从传统教学中的非人性化的状态中解脱出来，恢复人的教学主体地位，强调了"人"的重要性。在教学中，真正关注教师、学生的自我的健康、可持续发展。

"人本主义"理论具有以下几个基本观点：（1）学习者是学习的主体，应受到尊重；（2）学习是丰富人性的过程，根本目的是人的"自我实现"。强调教育应促进教学参与者（尤其是学生）人格的完整，促进人的认知与情感的丰富、提高；（3）人际关系是最有效的学习条件；（4）"意义学习"是最有效的学习。

2."以人为本"的教学观点

"以人为本"肯定了人在教育中的重要作用，在教育教学实践的广泛应用过程中，体育教育工作者和许多学者逐渐总结概括以下几个观点：

（1）教育的目的是促进师生自我实现

首先，在体育教学中，学生的自我实现是要促进学生的身体、心理、智能、社会性等全方位的自我发展，让每一个学生都能通过体育教学有所进步。体育具有多元教育价值，通过体育教学能促进学生的各种素质的综合发展。在"以人为本"的基础性理论人本理论的支持下，体育教育强调了在体育教学中不仅要重视健康知识和运动技能的学习，还要通过科学的体育教学环境创设和教学过程安排来促进学生的心理、情感、智慧、社会性发展，使学生情感和智力有机结合。体育教育的一个重要教学任务就是在体育教学中促进学生的认知与情感的共同进步与发展，通过体育教学，发掘和发挥每一个学生的学习潜能，培养学生在各个方面的创造性，最终所培养出来的学生应具有创新、创造意识与能力，这样的人才才是社会真正所需要的人才。

其次，在体育教学中，教师的自我实现最基本的就是能创造性地完成体育教学任务，在教学中实现作为教师的这一角色的价值，通过体育教学培养出适合社会发展的合格人才，促进学生的发展与进步。同时，在体育教学中，通过对体育教学的科学设计，各种丰富多彩的体育教学活动的开展和教学媒体媒介的应用来提高自己的教学能力、组织能力、社交能力、科研能力、创造力等，促进自我综合教学能力和体育素养的不断提升，实现自我职业生涯的不断发展，并能在日常工作和生活中身体力行地从事体育健身锻炼，不断提高自身的身体健康水平，对学生和周围的人形成一种潜移默化的影响。

（2）课程安排应尊重学生的自由发展

在人本教育理念产生之前，传统的教育主要侧重于社会价值和工具价值，人本位的思想和观念使得人们意识到传统工具化教育是对其本质属性的违背，必须认识到，人才是教育的出发点，人本教育将教育的重点落实到人身上，关注人的健康成长。

体育教学所面对的教学对象是人，每一个人都与其他人存在个体差异，教育不是为了"批量生产人才"，而是旨在促进每一个人健康全面发展的基础上的个性化发展，因此，体育教学应在统一要求的基础上做到因材施教，教师必须尽可能实现多种多样、侧重点不同的教学课程设计，使每一个学生都能在体育教学中有所进步与成长，通过组织科学体育教学活动与引导学生的正确、充分参与，培养个性化的人才。

（3）教学方法选用应重视学生的情感体验

人本主义教学理论强调"以人为本"，主张教学以学生为中心，实现个性化发展，而学生的这种发展都是从学习经验中体悟和实现的，因此，这就要求体育教学中应重视科学化体育教学方法的选择，激发学生的体育学习兴趣，为学生创造良好的学习体验。

在"弘扬人的个性，强调以人为中心，尊重人的情感体验"的现代体育教学中，体育教师应全面了解学生，充分尊重学生，真正理解和信任学生，在此基础上，教师与学生之间的"高高在上""师命不可违"的关系才能彻底改变，才有助于教师与学生构建和谐的师生关系。而良好师生关系的建立对于体育教学活动的顺利开展具有非常重要的意义。可以说，学生对体育学习的态度、个人爱好、获得学分是重要动机，来自教师的个人魅力因素也具有重要影响。此外，师生和谐关系的建立也有助于教学活动中师生能够更好地配合，从而提高体育教学的质量。

（二）"以人为本"教学理念的高校体育教学指导

1. 重新定位体育教育价值

传统体育教学在对"育人"的认识上存在不少误区。长期以来，人们总是在理解体育科学化的基础上，常常采用生物学的观点来对学校体育的价值做出判断，并且过多地关注学校体育"增强体质"的功能。此外，在对体育运动的本质理解上，一些教师存在一定的偏差。以足球运动教学为例，我国体育教材普遍将足球运动确定为"是以脚支配球为主，两个队在同一场地内进行攻守的体育运动项目"。针对此概念，有教师认为，"球"是活动争夺的目标，自然应处于主体地位，因此也就忽视了"球"要受制于人，"人"才是整个体育活动中的活动主体。

在全球化的发展背景下，各种思想文化处在不断地发展和融合之中，教育思想也呈现出这一发展趋势。人本理论和"以人为本"教育理念的提出体现了当代社会对人的发展的重视，在体育教育教学领域，当前的学校体育更加强调人性的回归，学校体育的根本出发点和落脚点应是"育人"。

现代高校体育教学中，"以人为本"教学理念是符合当前时代的发展要求的。当前社会，人的发展在社会的各个领域受到了重视，即使是在智能时代，很多机器生产代替了人工生产，但是发明机器、操控机器的还是人，人在人类社会的发展中起着关键作用，任何时候都不能忽视人的作用。

人本主义教学理念与思想指导下的体育教学，就是要求教育者在体育教学活动开展过程中关注作为教学对象的学生这一因素。教师的教学活动开展需要学生的参与、配合，如果没有学生的参与，则教学活动就没有开展的意义了。

必须提出的是，教师也是教学活动中非常重要的参与一方，也是应受到关注的。体育教师在教学活动中所发挥的作用也不容忽视。

现阶段，我国的体育教学思想呈现出多元化的发展趋势，诸多教学思想都围绕"人"的教育展开论述，讨论了体育教学中如何更好地促进和实现"人"的发展。

2. 体育教学目标的重构

在我国，传统的学校体育教学目标为增强学生体质、掌握"三基"和德育教育。但体育教学过于功利化，过于追求竞技成绩，这些都忽视了学生的健康发展，不利于学生的健康可持续发展，也不利于整个教学的可持续发展。

随着体育教学的不断发展，新的科学化的教学理论、教学理念给予体育教育工作者更多的教育启发与引导，体育教学的育人作用被不断丰富和发展，多元化的学校体育价值体系对体育教学目标重构提出了要求。

新时期，"以人为本"教育理念在学校不同学科的教学中广泛应用并渗透，也有越来越多的学者认识到传统的体育教育体制不再适合当前的体育教育教学，不能单纯地追求学生的外在技能水平，而应该重视学生的全面、健康、可持续发展。新时期的体育教学的重点转移到"以人为主"上，在体育教学中，教师必须认识到，人是运动的参与者、是运动的主体，体育运动的教学和训练也必须以促进人的全面发展为根本目标。

3. 学生教学主体观的建立

现阶段，"以人为本"教学理念成为我国体育教学的重要教学理念。我国的体育教学实践活动开展过程中，越来越多的教师开始关注学生，从学生的特点、条件、基础和学习需要出发来选择教学内容、教学方法、教学组织形式与教学模式。高校体育更多以选修课的形式设置，教师也正是通过个人教学能力和对学生的"因材施教"，对学生关心关爱、对学生的研究获得学生喜爱，以此促使更多的学生来选修自己的体育课程。总之，学生是教学的主体，没有学生，教学也就不复存在。

4. 体育课程内容的优选

传统体育教学对学生的全面健康发展关注不够，体育教学课程内容主要是竞技体育运动技能，体育教学课通常被体能训练课、技能训练课代替。新时期的"以人为本"教学理念重视学生的全面、健康、个性化发展，在体育教学内容选择上，也更加科学。

在"以人为本"教学理念指导下，我国的体育教学有了很大的进步与发展。为了进一步促进我国体育教学的改革，教育部门先后修订各级学校体育教学大纲，强调在体育教学中要不断丰富体育教学内容，多样化教学内容旨在促进学生的身心健康与全面发展。在高校体育教学中，教学活动的开展也建立在落实"健康第一"的教学理念的基础上进行，通过丰富的体育教学内容来吸引学生参与体育锻炼，借助体育教学促进学生身心健康发展，而非传统体育教学中只关注竞技能力提高，有时甚至为达到"竞技力提高的目的"而安排不合理的教学内容，超负荷地揠苗助长，可能对学生身心健康造成损害，这种行为是"健康第一"教学理念坚决禁止的。

此外，在丰富高校体育教学内容的同时，"以人为本"教学理念还强调体育教学内容与不同大学生的发展需求相适应，在体育教学内容优选中应注意以下几点要求：

第一，突出体育教学内容的趣味性，在课程改革过程中，激发学生学习的兴趣。

第二，强调体育教学内容的健身性，对过度强调竞技技术提高的体育教学内容予以摒弃或改编，使之能更好地为促进高校大学生的身体健康服务。

第三，重视体育教学内容的适用性，体育教学内容的教学实施应有利于学生的当前身体健康发展，并能为高校大学生的终身体育意识和体育能力的培养奠定基础。

第四，关注体育教学内容的创新性，高校体育教学内容还应适应现代化社会发展潮流，应具有启发性、创新性，促进高校大学生的创新意识和能力培养。

二、"健康第一"教学理念

（一）"健康第一"教学理念概述

1."健康第一"的理论依据

从世界范围来看，"健康第一"教学理念的提出是符合世界教育发展趋势和社会对人才的发展要求的。

（1）世界范围内对人类健康发展的重视

在人类社会的发展历程中，健康始终是一个备受关注的课题。人类健康是推动人类社会发展的一个必要条件。

随着国际上大众健康交流日益增多，各个国家和地区都非常重视本国和本地区的大众健康发展，整个社会已对体育的功能、价值等方面形成了全新的认识。在教育领域，重视学生的健康发展，已然成为各个国家和地区重视本国体育事业和教育事业发展的一个重中之重，体育健康教育对提升青少年体质健康水平，以及通过青少年群体影响周围群众健康，实现青少年进入社会后成为社会体育人口间接促进社会大众健康具有重要而深远的影响。

（2）社会发展对人才健康发展的客观要求

随着科学科技的不断进步，经济发展迅速，社会生活节奏日益加快，人类的体力劳动越来越少了，长时间伏案工作所造成的"运动不足""肌肉饥饿"严重影响了人们的身体健康。

在当前和未来社会的发展过程中，健康问题将始终是影响个人和社会发展的一个首要问题，社会的快速发展与激烈竞争要求现代人才不仅要有正确的政治思想，具备扎实的科学知识和能力，还必须具备强健的体魄，"身体健康是其他一切健康的基础"，"身体是革命的本钱"，身体健康是个体生活、学习、工作的基础，如果没有一个健康的身体，则很难在社会劳动力竞争中占据优势，社会竞争对劳动力的基本要求就是身体健康。要想在竞争中立于不败之地，首先必须拥有一个健康的体魄。

教育的最终目的是促进个人的健康发展、培养符合社会发展的合格人才，对学生群体的身体健康教育是体育健康教育的重中之重。

2."健康第一"的教育特点

"健康第一"教育理念内涵丰富，其在体育教学实践中表现出以下特点：

（1）强调身体健康是健康的基础

"健康第一"，其中所提到的"健康"是全面的健康，是包括身体健康、心理健康、社会健康、生殖健康等在内的多维健康，健康的基础是身体健康。健康的体魄是人类发展的基本标志。教育应首先关注健康教育。

（2）强调多元健康发展的素质教育

"健康第一"作为现阶段一个重要先进的教育理念，强调体育教育应重视学生健康发展，指出学校教育教学的首要目标是促进学生健康成长，学生的身心健康比"卷面分数"更为重要。

（3）强调健康教育的全面性

①学生身体健康教育。在"健康第一"思想指导下，高校体育教学应时刻关注学生的各方面健康的综合发展，通过体育教学，关注和促进学生的身体健康发展，也促进学生的心理和社会性的发展，为学生奠定良好的身体基础、心理基础，并在走出校园走进社会之后能有良好的身心健康状态和水平，以应对生活、工作、再教育中的各种挑战。

②学生心理健康教育。现代社会竞争日益加剧，各种社会竞争要求社会生活中的每一个成员都应具备良好的心理素质，如此才能正确地看待、应对学习、生活、升学、就业、恋爱、婚姻等过程中的各种问题。当前，就我国高校大学生群体而言，许多大学生都深受学业、就业、生活中的各种问题的困扰，存在不同程度的心理问题。因此，教育关注学生心理健康非常必要。体育具有促进运动者健

康心理形成和发展的重要作用，现代大学生压力大，也容易受不良因素影响，高校体育教育应关注大学生的心理健康发展，通过开展体育教学活动，促进大学生心理健康发展。

③学生社会性发展教育。体育是一种独特的教育形式，学校体育教育可促进学生的社会性良好发展，在教学中有意识地培养学生的人际关系建立、竞争与合作能力。

因此，在高校体育教学活动开展中，深入挖掘体育的教育价值，在体育教学实践中充分贯彻"健康第一"的教育理念，切实促进学生身心健康、全面发展。

（二）"健康第一"教学理念的高校体育教学指导

1. 树立体育教育新观念

"健康第一"教学理念对我国体育教育的最重要的影响就是教育重点和方向的转变，新时期贯彻"健康第一"教学理念，就必须转变体育教育观念，改变竞技化体育教育模式，关注学生身心健康发展。应把教育的重心从单纯地追求学生的外在技能水平向追求学生的全面协调发展转移。

新时期，不断强化高校体育教育教学改革，必须落实健康教育，每一个高校、每一个高校体育教育工作者，都应形成正确的体育价值观、培养良好的意志品质，不断完善性格特征。总之，现代科学化的体育教育应将体育教育工作理念从以往单纯的"增强体质"为主转移到"健康第一"的新型教育观、发展观。

现阶段，社会发展对人才的要求是全面化的，一名合格的社会人才应是健康发展的人才，身体健康、心理健康、社会性健康等，缺一不可。

2. 明确体育健康教学目标

在当前的体育教育教学实践中，"育人"是学校体育教学工作的最根本目标，技术教育和体制教育并不能完全作为学校体育实践的重心，"健康第一"的教育理念为促进我国高校体育教育目标多样性、多层次的建构提出了新的要求。具体如下。

第一，高校体育教育应重视加强学生的体育文化知识教育，提高学生体育文化素养。

第二，高校体育教育应充分融合健康、卫生、保健、美育等多种教育内容，通过内容全面的体育教育来培养学生健康的体育意识、健康的娱乐休闲习惯，远离可能影响个人身体健康的一切不健康因素和事件。

第三，高校体育教育工作的开展应紧密结合学生生长发育与生活实际，使学生会自我保护，预防疾病发生。

第四，高校体育教育应重视大学生青春期教育和心理健康教育，将之作为健康教育的重要内容来抓好，为学生在特殊时期的健康成长提供科学指导。

3. 完善体育教学课程体系

深化高校体育教学课程体系改革是促进高校体育教学发展的一个重要和有效的途径。要贯彻落实"健康第一"体育教学理念，就必须在体育教学课程体系建设方面做好工作，不断丰富体育教学课程体系内容，以更好地满足当前高校大学生的多元化、个性化的体育健康发展需求。

在"健康第一"教育理念影响下，我国的高校体育教学课程现状发生了很大的改变，如体育课程内容的增加、教学方法的不断丰富、学校体育课内与课外活动的有机结合，体育选修课越来越考虑大学生的学习爱好与需要，体育课程与内容设置针对不同专业学生凸显了专业特点等。

现阶段，要继续贯穿"健康第一"教学理念，建设更加完善的体育教学课程体系，应持续做好以下工作：

第一，在高校体育教学中，应始终坚持以学生为主体，将学生的身心健康发展放在首位，所有教学活动的开展都应围绕促进学生的健康发展服务。

第二，调整体育教学内容，充分了解学生的特点和需求，对体育教学大纲所规定的教学内容进行科学选择，对与本校实际教学情况和本校学生不适宜的教学内容进行调整，使体育教学内容能更好地从理论落实到教学活动实践中。

第三，丰富体育教学内容。借助丰富的体育教学内容吸引高校大学生对体育学习与体育参与的兴趣，通过丰富的体育教学内容满足大学生不同的体育学习需求。

第四，重视教学内容的因地制宜，根据本地区气候、资源以及学校自身教学特点来进行特色化的体育教学课程设置，并研究推出更能反映本校学生健康发展状况的健康检测内容与标准。

第五，重视高校大学生课内体育教育与课外体育活动的有机结合，强化体育课对学生的教育意义，提高学生对体育课的兴趣，并引导学生养成科学合理的作息习惯、健身习惯，在课余时间也能科学健身，保持健康的生活方式。

4. 重视体育教学方法优化

良好的体育教学效果的达成受到体育教学方法是否正确的影响。在高校体育教学中，有很多体育教学方法可以供教师进行选择，不同的体育教学方法有不同的特点，同一种体育教学内容可通过多种教学方法来展现给学生，体育教师应该准确判断出哪一种教学方法是最合适的，这样可以促进教学方法应用的最优化，进而促进体育教学效果的最优化。重视体育教学方法优化，要求体育教师具备良好的体育教学能力，有能够科学选择各种教学方法、有效应用各种教学方法的能力。

5. 教学评价体系的完善

在"健康第一"教学理念的影响下，体育教学的评价应以学生的体质增强、身心健康发展为重要评价指标，进而完善体育教学评价体系。

"健康第一"教学理念指导下的高校体育教学评价体系的科学化构建与完善，具体要求如下：

第一，对学生的全面评价中，要重视对多方面的教学效果进行量化分析，并且将定性评价和定量评价相结合，提高教学评价的科学性，促进学生能更好地认识自身的不足以及获得学习的动力。

第二，对学生的全面评价中，要做到评价内容、评价指标、评价方法的全面，并且尽量做到邀请不同的评价主体参与评价。

第三，体育教学不仅应注重对学生进行全面的评价，还应注重对教师教学方面的评价。

思考题

1. 简述体育课程目标的层次结构。

2. 体育教学的原则有哪些？

3. 简述高校体育教学理念。

第二章 体育教学的内容

◎ 导　读

21世纪的教育是培养全面发展的全人教育，随着这种教学理论的不断发展，体育教学在学校教育中的地位也在不断提高。由于体育教学内容是体育教学的载体和依据，因此，在开展体育教学的时候应尤其注重对教学内容的梳理和编排。除此之外，体育教学所涉及的内容素材很多，再加上这些素材主要来自生活、文艺等方面，因此体育内容素材具有多功能性。

◎ 学习目标

1. 了解体育教学内容的概念。
2. 掌握体育教学内容的目标层次。
3. 明确体育教学内容的特点。

第一节　体育教学内容概述

体育教学内容是体育教学工作者在进行体育教学时的主要参考，因此体育教学内容在体育教学中占据非常重要的地位。再加上体育教学内容所涉及的知识点较为繁杂、宽泛，因此，对于任何一名体育教学工作者而言，体育教学工作必须建立在对体育教学内容充分了解的基础上。

一、体育教学内容的概念

体育教学内容是依据当前国家总的教育方针和社会对体育教学的需求选择出来的，根据对学生身体条件和学校教学条件的深入分析和研究，在体育教学环境下传授给学生的一种体育锻炼活动。

体育教学内容是根据体育教学的目标进行选择的，是根据学生在成长过程中的发展需要以及体育教学过程中必备的教学条件最终整理而成，并且根据社会需求的发展而不断变化。

体育教学内容主要是针对教学对象的大肌肉群的运动进行的，其具有很强的实践性，主要包括身体的锻炼，运动型教学的比赛，运动技能的获取等。

诸如语文、数学、英语等学科知识的传授可以在教室内完成，学生可以通过对书本的反复研读，最终获得一定的知识和技能。但是对于体育教学而言，其所有的运动技能的传授，必须在体育教学活动中才能完成。

二、体育教学内容与体育运动内容的区别

众所周知，体育教学内容是保证体育教学正常进行的有力保障，但是其与体育运动内容之间却存在着非常细微的差别。作为一名体育教育者或是研究者，清楚地掌握它们之间的差别，有助于不断深入地了解体育教学内容。经过深入的分析和研究，对体育教学内容和体育运动内容之间的区别介绍如下。

（一）服务的目的不同

体育教学内容是以教育为主的，其服务的目的是促进学生身心健康的发展，其内容偏于理论性，对教学活动具有指导意义。体育运动内容是以提高竞技运动水平、夺取胜利为主的，其服务的目的较偏重于教学内容的娱乐性和竞技性，对教学活动而言具有很强的实践性。

（二）内容的改造要求不同

随着时代的不断进步，体育教学内容需要根据时代的变化和社会的需求不断改变，以保证体育教学内容能够满足社会培养人才的需要。因此需要对体育教学内容进行必要的改造、组织和加工，而体育运动内容无须进行这种改造。

三、体育教学内容的发展

体育教学内容和其他教学内容一样，也是随着社会和教育事业的不断发展而

发展的。但是，与其他教学内容相比，体育教学内容的形成和完善还处于发展阶段。体育教学内容的发展主要来源于以下几个方面。

（一）　体操和兵式体操

古代体育的主要形式是兵式体操，由国家的专门机构指导参加训练的士兵进行列队、射击、剑术等战术问题的操练。后来，随着兵式体操训练的不断改进和制度的不断优化，体操最终成为今天体育教学中的内容之一。

（二）　竞技类体育运动

我国早期出现的竞技类体育运动有骑技比赛、蹴鞠等，后来，随着人们对这类竞技类体育运动的兴趣不断激增，这类体育运动的发展日趋完善，最终成为一种正规的体育运动。工业革命以后，随着人们生活水平的不断提高，英美的体育游戏迅速地发展成为一种近代的体育运动，如足球、篮球、棒球等。而后随着不断的殖民扩张，这些体育运动最终传到世界各地并流行起来，迅速地在各国的学校教育中开展。再加上这些体育运动具有很高的娱乐性，因此深受广大青少年的喜爱，最终演变成体育教学活动中的重要内容。

（三）　武术和武道

在古代的学校教育中，体育教学多是以武术教育的形式体现的，体育教学内容也大多是一些具有军事针对性的武术内容，这种运动不仅可以强身健体，而且能防身，因此迅速成为当下流行的一种体育教学内容，在社会上展现出独特的魅力，这也构成了"武术"和"武道"的基础。再加上这些运动在对人的精神和意志方面的培养有其他理论知识和教育学科所达不到的作用，因此，这种类型的体育活动深受人们的关注和喜爱。鉴于这些原因，由"武术"和"武道"原型构成的运动项目成为体育教学中的一种正式的教学项目，受到很多国家的关注。

（四）　舞蹈与韵律性体操

舞蹈是人类最古老的艺术形式之一，是从古至今人们最喜爱的一种活动。在社会发展的历程中，随处可以见到舞蹈的影子，研究各国文化发展的历史可以发现，舞蹈是世界上很多国家民族文化的重要组成部分，在民族文化的形成、民族之间的交流中占据举足轻重的地位。除了舞蹈之外，韵律性体操也因为很多体育爱好者追求美感和锻炼效果，逐渐登上体育锻炼的舞台。在韵律性体操的基础上又出现了艺术体操、健美操等。传统舞蹈经过不断地改进和提升，形成了多样的民族舞蹈、体育舞蹈等。舞蹈和韵律性体操能够陶冶身心，并且在培养机体的美感和节奏感等方面也具有非常重要的作用。因此，舞蹈和韵律性体操逐渐成为体育教学内容的重要组成部分。

研究表明，以上几类体育教学中所涉及的内容在体育教学中所占有的比例不同，并且每个国家在进行体育教学的过程中对其重视的程度也有所不同。

四、体育教学内容的特点

（一）体育教学内容的功能具有多样性

体育教学内容起源不同，又受到所处文化形态的影响，这就决定了体育教学内容具有不同的功能，人们对体育教学内容的判断也必然会受到其传统起源的影响。因此在进行体育教学的时候，要遵循因材施教的原则，这样才能保证体育教学的顺利进行。

（二）体育教学内容的更新速度较快

体育教学本身对实践性要求较高，体育教学中所涉及的因素也非常多，受当前有关体育教学方针的影响，再加上体育教学本身受到地域、经济、政治、文化的影响较大，因此体育教学工作者在进行体育教学时的工作难度较大。若要与时俱进地开展体育教学，就要根据社会的需求不断地更新教学内容。

（三）体育教学内容之间是一种平行的关系

体育教学虽然涉及的内容较多，但是各内容之间并没有太多的联系和牵制，各内容之间是一种平行的关系。如跑步和跳远之间，就是相对平行的两种内容，在教学过程中，两者之间没有太大的联系。

（四）每一种体育教学内容被赋予的教学任务不同

体育教学内容具有很强的时代性，不同时代的人对于体育教学的要求不同，因此，每一种教学内容所承担的教学目标和任务也就不同，如在体育教学中开展各种体育锻炼是为了提升学生的体育素质，进行比赛是为了培养学生的团队精神、合作意识等综合素质。因此在进行体育教学或是选择教学内容时，应仔细地分析教学目标，以便对教学内容进行梳理和选择。

五、体育教学内容与教育内容的共性

体育教学内容是教育内容的一个组成部分，它与教育内容具有一些共性，这些共性主要表现在以下几个方面。

（一）教育性

体育教学内容是对受教育者进行身体健康教育和心理陶冶教育的参考，当体育教学研究者和教学内容组织者将众多的运动项目选为体育教学内容的时候，首先想到的就是这些运动项目本身所具有的教育性。体育教学内容的教育性主要体现在以下几个方面。

1. 有利于学生身心健康

体育教学是通过指导学生身体的运动和一些竞技性的小组活动，以促进学生的身心健康发展而进行的一种教学。体育运动本身就是一种肌肉群的活动，它能够通过身体的锻炼来增强学生的体质，通过各种小组教学活动和竞技类活动的开展来培养学生的综合素质。

2. 对学生成长具有积极的影响

体育教学内容中一些具有深刻影响意义的内容，能矫正学生的心态，培养学生坚强的意志，影响学生价值观的形成，对学生的成长具有积极的影响。

3. 内容的设计具有普遍性

体育教学内容所面对的是教学活动中的全体学生，因此所选择的教学内容具有普遍性。所谓普遍性就是指教学内容要保证适应大多数人群，这样才能达到教学的统一，有利于教学的开展和进行。

（二）科学性

由于体育教学本身就是一种以学校教育为主要形式进行的有计划、有组织、有目的的教育活动，是以教育和培养青少年的健康发展为主要目的，因此体育教学内容也应该与学校教育范畴中的其他教学内容一样，保证其具有很强的科学性。

1. 体育教学具有很强的针对性

体育教学的对象是广大学生，其目标就是培养社会所需要的身心健康全面发展的人才。再加上体育教学内容是对人类文明的反映和表现，同时体育锻炼的实践性也使得人们不得不重视这一过程，因此体育教学具有很强的针对性。

2. 教学内容符合学生的需求

在对体育教学内容进行筛选的时候，为了保证体育教学内容能够更好地为学生服务，体育教学研究者要对教学内容进行反复筛选，使其能够符合学生的身体发展需求和社会需求，同时体育教学内容具有很强的指导性，为教学过程提供参考和依据。

3. 遵循体育教学的规律和原则

任何一门学科的教学都要遵循其特定的规律和原则，这是保证教学目标顺利实现的基本条件之一。体育教学牵涉的内容较多，较为复杂，为了保证教学过程能够按照目标的方向进行，在选择教学内容时应该遵循体育教学中特定的科学规律和原则，保证体育教学的科学性。

（三）系统性

体育教学是一门繁杂的学科，不仅所涉及的内容较为繁杂、范围较为宽泛，而且对教学目标的要求也较高。因此，在进行教学内容的梳理时，应根据知识之间的系统性进行组织和安排。通过对体育教学内容的研究可以发现，体育教学内容的系统性主要表现在以下两个方面。

1. 教学内容本身的系统性

通过以上对体育教学内容的介绍可知，体育教学内容具有很大的复杂性，但是每一个知识内容之间又表现出一定的联系性和逻辑性。如安排低年级的学生学习体育的时候，首先应培养学生的方向意识，先通过"向左转、向右转、立定、向后转"等一些简单指令培养学生的方向意识，然后对学生进行各种体育教学内容的训练。由此可知，体育教学内容本身就具有系统性。

2. 体育教学目标的系统性

在体育教学的过程中，需要根据体育教学的特点、学生的成长特点和教学环境等，深刻地认识体育教学过程和教学内容之间的规律性。必须根据学生的成长过程系统地、有逻辑地安排各个学校、各个年级的体育教学内容，并处理好它们之间的相互关系，将体育教学贯穿于教学的始终，这就是体育教学目标的系统性。

第二节 体育教学内容的目标与层次

一、体育教学内容的目标与要求

体育教学的内容来源于人类发展的各个时期，其教学内容的目标和要求都具有很强的时代性。这主要是因为体育教学内容由当地民众的文化水平、地域气候条件、社会政治经济发展状况、生产力水平、科学技术水平等因素决定。

（一）传统性体育教学内容的目标和要求

传统性体育教学内容主要是指运用传统的教育方法对学生进行体育运动技能培训的一种形式，是体育教学内容中一直存在的锻炼项目。虽然体育教学内容随着时代的不断更迭而持续变化，但是传统性体育教学内容因其积极的教育作用仍然在教育界中占据很重要的地位。下面将对一部分传统性体育教学内容的目标和要求进行简单的叙述。

1. 体育保健

体育保健教学内容的目标：通过体育保健基本知识和原理的传授，首先让学生深刻地认识到体育教学在人的成长过程中的重要作用，学习体育运动对国家、社会的重要作用，从而激发学生对体育锻炼的使命感，使他们自觉地参加体育锻炼。除此之外，通过体育保健基本知识和原理的学习，学生能够了解一些体育学习的必要知识，形成对体育教学的正确认识。

体育保健教学内容的要求：体育保健教学内容的编写应结合当前社会的状况、学生的实际需求等方面进行，并且精选一些对学生的实际生活和成长有重要影响作用的体育运动项目，保证内容的真实性和目的性。同时在对这类内容进行教学的过程中，要结合实际操作进行演示，有益于学生掌握和接受。

2. 田径运动

田径运动是常见的运动项目，其主要包括跑步、跳高、跳远、投掷等内容。田径运动教学内容的目标：通过这项运动，学生能够了解田径运动的一般规律和基本知识，清楚地认识到田径运动对他们成长过程中身体素质培养的重要意义，掌握一些田径运动相关的基本原理和方法，掌握一些基本的田径运动技能，通过生活中的不断练习，达到增强学生体质的目的。

田径运动教学内容的要求：在设计田径运动教学内容的时候，不应单单从竞技类运动的角度划分、分析田径运动的教学内容和作用，应从文化、运动特点、技能作用等多方面进行教学内容的设计和组织，这样才能让学生更科学地掌握田径运动的基本知识，并且将获得的田径运动知识和技能正确地应用到健身实践中去。由于田径运动会使肌体产生一定的负荷，负荷强度太高会对肌体造成一定的损害，强度太低则达不到运动的效果，所以在教学过程中，应根据学生的身体特点进行灵活的教学。

3. 体操运动

体操运动是体育教学中的重要组成部分，由于其对人体的平衡和形体的训练有着非常积极的作用，体操这一运动颇受广大青少年的喜爱。体操运动教学内容的目标：第一，在教师的指导下，让学生充分地了解体操运动文化，了解体操运动对人体健康的作用；第二，让学生掌握一些基本的体操运动技能和方法，使学生能够在日常生活中使用体操来锻炼身体；第三，让学生能够安全地从事体操运动，并且掌握一些体操比赛的基本常识和技巧。

体操运动教学内容的要求：体操不仅能锻炼人体的平衡性、协调性和灵活性，而且能对学生进行心理方面的积极引导和教育。因此，要从竞技、心理和生理等多视角来对体操教学内容进行分析。在教学内容的编排上要保证一定的层次性，不能总是停留在低水平的层次上。在教学过程中，要根据学生的身体特点，开展合理的训练，如有些平衡能力较差的学生，应该对其进行更多有关平衡能力的练习，做到因材施教，这样才能保证教学质量的提高。

4. 球类运动

球类运动是一种常见的运动，其主要包括足球、篮球、乒乓球等运动。由于球类运动是一项充满活力和竞技趣味的运动，因此深受当今青少年的喜爱。球类运动教学内容的目标：第一，让学生充分地了解球类运动的基本概念和球类运动中的一些比赛规则；第二，使学生能够掌握一些球类运动的技能和技巧，以及参加球类运动比赛的基本技能和常识性知识。

球类运动教学内容的要求：球类运动虽然是一项群众性的运动，但其技巧和方法较为复杂，因此在筛选教学内容的时候不能只对球类的单个技能进行教学，而忽视其与比赛之间的联系，否则就会失去球类运动的基本特性，同时还要注意教学内容选择的顺序性与实战性之间的联系。在教学过程中，要注重对技能的训练和对学生团队合作精神的培养。

5. 韵律运动

韵律运动其实就是一些类似于舞蹈、健美操、体操等的运动项目，韵律运动与其他运动最大的区别就是将舞蹈与运动相结合，在音乐节奏的作用下，实现了两者的完美结合，因此，韵律运动是当今女性尤其喜爱的一项运动。韵律运动教学内容的目标：使学生了解韵律运动的基本特征，了解从事这一项运动所应该遵循的基本原则和规律，掌握一些基本的技巧和套路。除此之外，通过此课程的学习，塑造学生优美的形体。

韵律运动教学内容的要求：因为韵律运动是一项表现运动，同时又是一项塑造形体的运动，不仅涉及音乐、艺术方面的因素，还涉及美学方面的知识，因此，韵律运动教学内容应该从学生审美观的培养、舞蹈音乐的了解和掌握等全面地、多角度地加以考虑。韵律运动教学内容还要强调对学生创新能力的培养。

6. 民族传统体育

民族传统体育反映一个民族发展的历史，代表着这个民族的精神和文化。通过对民族传统体育的了解和研究，将其教学内容的目标确定如下：第一，借助这些民族传统体育的讲授，让学生对民族文化有更深的了解；第二，使学生学到一些民族传统体育的技能，既可以防身又可以继承和弘扬民族文化，如中国武术。

民族传统体育教学内容的要求：在编排内容时，不仅要结合学生的特点以及现代人的生活方式，而且要强调内容的文化性和实用性，特别是对民族传统体育文化背景和意义的介绍和揣摩。在教学过程中，要注意对学生兴趣的培养。

（二）新兴体育教学内容的目标和要求

随着社会的不断发展，人们生活水平日益提升，科技不断进步，促进了各国政治、经济、文化的迅速创新和发展。在这种社会背景下，新的体育运动项目也逐渐兴起。研究新兴的体育教学内容，有助于优化体育教学的结构。通过对体育教学内容的不断研究和分析，将新兴体育教学内容归结如下。

1. 乡土体育

近年来，随着教育改革的不断深入，创新教育内容、持续地对课程资源进行开发引起了广大体育教学研究者的重视，一些具有积极锻炼意义、散发着浓烈的乡土气息的运动项目重新登上体育教育的舞台。这类乡土体育运动的教学目标是：让学生对民间体育和民俗风情有更深的了解，使学生掌握一些具有地区特色的民俗体育知识和技能，推动当地传统文化的继承和传播。

乡土体育教学内容的要求：由于这类体育项目来自民间，具有民俗文化的传播作用，因此，要注重其内容的文化性、安全性、锻炼性和规范性，同时剔除那些不利于文化传播或是正能量传播的因素，摒除一些错误的实践做法。

2. 体适能与身体锻炼

随着社会对学生的身心健康全面发展要求的不断提高，一些针对性较强的体育锻炼作为培养学生身体健康的运动被正式带进课堂。这些内容与教师对此运动的实践技能的传授相结合，共同发挥着提高学生的身体素质和运动素质的作用。体适能与身体锻炼教学内容的目标：体育教师应通过这一部分教学内容有效地锻炼学生的身体机能，让学生掌握更多实践锻炼和运动的原则和方法，帮助他们更好地提升运动技能。

体适能与身体锻炼教学内容的要求：由于这是针对学生体适能的锻炼，因此要结合学生身体素质的状况，遵循体育锻炼时的基本规律，要注意锻炼的针对性、科学性和时效性，同时注意内容应当符合国家规定的关于学生体质健康的执行标准。

3. 新兴体育运动

由于新兴体育运动教学的内容具有时代性，因此教师在教学时要注意对体育教学目标的把控。现经过分析和研究，将新兴体育教学内容的教育目标总结如下：使学生掌握一些较为流行的体育运动文化，提高学生对新兴体育运动教学内容的兴趣，同时增强体育教学在终身教育方面的实用性，从而提高体育教学的质量。

新兴体育运动教学内容的要求：由于是一种新兴的体育教学内容，所以在选用这类教学内容时，首先要保证其符合教学条件的基本要求，其次要注意体育教学内容的文化性、教育性、安全性和实践性，同时注意对教育内容的筛选，杜绝不利于学生成长的体育内容。

4. 巩固和应用类课程的基本教学内容

巩固和应用类课程的基本教学内容是新课标要求下的一种教学内容，而且是随着活动课程的发展而不断形成的。其教学内容的目标是：通过此类教学内容的学习，巩固学生有关体育教学的基本知识和技能，并能够将其与运动实践相结合，从而提高学生的体育锻炼技能以及参加体育活动方面的常识和能力。

巩固和应用类课程的基本教学内容的要求：在选用教学内容时，应当注意将其与学科内容和体育教学内容完美地融合，同时注意对内容的延展性和应用性的掌握，注意对学生在体育教学活动中的创新能力和创新意识的培养，使学生能够进一步拓展所学习到的知识和技术。

二、体育教学内容的分类和层次

对体育教学内容的层次和分类方法的研究，是对体育教材进行研究的基础。

（一）体育教学内容分类的重要性

对内容进行层次和分类研究的主要目的是对这些内容进行整合和归类，据此加深人们对此内容的认识。对体育教学内容的层次和分类进行研究的目的，也是为了在体育教学的过程中，便于体育教师对教学内容的梳理和讲授，建立更加清晰的体育教学内容体系，保证体育教学内容与体育教学目标之间的联系更加紧密，也便于体育教学工作者对体育教学过程进行合理安排。

但是，由于体育教学内容较其他学科的教学内容而言具有很大的特殊性，再加上体育教学内容所涉及的知识较为复杂，因此，体育教学内容的分类一直是困扰体育教学工作者和研究者的主要问题。自从体育教学逐渐成为学校教学内容之一并受到普遍关注以来，体育教学研究者就对体育教学内容进行了很多不同的划分和研究。因此，体育教学内容的划分是一个多角度、较为复杂的工作，这主要是由体育教学内容的复杂性所决定的，也是由体育教学内容的多功能性、多价值性所决定的。

我国在进行体育课程和教材建设的过程中，很多体育教学研究者遇到了体育教学内容分类上的难题，虽然这是体育教学研究者一直致力研究和解决的问题，但是从目前来看，其结果不容乐观。这也直接影响了我国体育教学的发展和进步。

（二）体育教学内容分类的方法和层次

我国体育教学研究者也对体育教学内容的分类做了很多的研究，制定了多种分类方法。例如，根据人体的基本活动能力进行分类，根据运动者的身体素质进行分类，根据教学目的进行分类，根据运动项目进行分类，还有现在使用的交叉综合分类法等。

从以上对国内外各种关于体育教学内容的分类方法，我们可以从中获得以下两点启示。

1. 体育教学内容的分类方法具有多样性

体育教学内容的分类具有多样性，这种多样性主要取决于体育教学内容研究者观察审视体育教学内容的角度和方向。因为体育教学内容较为繁多复杂，因此在对其进行分类的时候，要多角度地、全面地对内容进行分类和整理，保证其内容的合理性和科学性。

2. 注意体育教学内容的层次性

为了避免体育教学内容的分类过于繁多，可以先根据其层次的不同进行层次性的分类，然后在此基础上对其进行系统的分类，这样的分类方法较为清晰明了，而且便于教学的开展。例如在进行篮球教学的时候，首先进行运球技术的教授和训练，然后进行传球技术、投球技术的训练，这样有层次的教授和练习有助于学生对知识和技能的掌握。

(三) 我国体育教学内容的分类

对于我国体育教学内容的分类，一直以来都是体育教学中的主要难题，分类的科学性与否直接关系到体育教学活动能否顺利开展，关系到体育教学质量的高低。因此，对体育教学内容的分类是体育教学研究中的重点工作。但是，我国体育教学内容的分类还缺乏对理论知识的理解，我国之前对体育教学内容的分类并没有具体指明所建立的层次。

1. 交叉综合分类法

这种分类方法能够使教育工作者多角度、全面地进行体育教学。所谓的"交叉综合分类法"，实际上就是将体育教学内容所涉及的运动实践部分的内容按照运动项目和身体素质两个方面进行分类，将"提高身体素质练习"和"各项运动教学内容"放到一起进行教学。

但是，在"交叉综合分类法"中，将"提高身体素质练习"和"各项运动教学内容"放到一起教学，首先就是违反了"同一划分的根据必须统一"的原则，即在对体育教学内容进行同一划分时必须以统一的标准为依据，而且要保证在此分类基础上所进行的子项分类不相互排斥，而是相互包容，因此，"交叉综合分类法"对于体育教学内容的划分是存在缺陷的。

2. 根据教学目的进行分类的方法

如果利用"根据教学目的进行分类"的方法，首先应确定体育教学内容分类的上位——以"教学目的进行分类的方法"，在此基础上，再将下位的分类的内容进行稍微改动，就能实现对体育教学内容的科学、正确分类，这样不仅不会造成体育教学内容在分类上的混乱，而且能促进学生对体育运动技能方法的学习。

体育教学内容分类的优点可以总结为以下几个方面。

（1）明确教学的方法和目的

以"教学目的进行教学内容的分类"的方法，结合学生特点和教学特点进行科学的规定，能够使教学的目的性和教学方法的应用更加明确，为体育教学的开展指明了科学的道路。

（2）保证竞技运动知识和技能的学习

受传统教学模式的影响，即使在对学生进行体育教学的时候，教师也难以避免地对学生进行以"体育技能竞赛为目的的教学内容的编排"，这样就难以发挥体育教学内容的全面性，难以保证体育教学目标的顺利实现。以"教学目的进行分类"的方法，能够按照大纲要求的目的进行体育教学内容的编排，打破以"竞赛为目的的教材编排体系"，从而使竞技运动知识和技能得到保障。

（3）能够避免内容上的重叠

体育教学内容繁多复杂，在对其进行分类的时候，若按照传统的分类方法进行分类，难以避免地会造成内容的重叠或遗漏。采用以"教学目的进行教学内容分类"的方式，对教学内容首先进行简单的层次分类，然后再根据每个层次内容属性的不同进行具体的分类，这样一方面便于内容的整理，另一方面也利于教学工作的进行。

（4）对体育教学的指导性增强

体育教学内容是进行教学实践的指导和基础。"教学的指导性"同时也是进行教学内容编写的要求。如何对体育教材进行分类并不是简单的教学问题，而是以科学的理论为依据，需要对教学过程提供指导。因此，对教学内容的合理分类能使教学目标与内容之间形成良好的对接，从而增强体育教学的指导性。

（四）体育教学内容分类的注意事项

对体育进行教学内容分类的目的就是对内容进行科学的整理，使内容与教学目标之间形成无缝对接，完成教学目标、方法等的相互贯通，向体育教师更清晰地传达体育教学课程和教学内容的目的，从而指导体育教学的进行。由此可见，体育教学内容的分类和整理在教学过程中占据着非常重要的作用。

1. 教学内容的分类要服从教学目标

体育教学内容的分类并不是一成不变的，而是要根据社会和国家的教育方针和教育目标的要求不断变化，而教学目标是随着时代的变化和人们需求的不同逐渐变化的，所以固定的体育教学内容的分类也是不存在的。因此，体育教学内容的研究者和教材的编写者在对体育教学内容进行分类的时候，要不断地更新自己的时代观念，关注社会体育教学目标的变化，使教学内容的分类更好地服从教学目标。

2. 教学内容的分类要具有科学性

体育教学内容的分类是体育教学过程的指导依据，是实现体育教学目标的根本保障。因此对体育教学内容进行分类的时候，要保证其符合教学大纲的根本要求和原则，同时要有科学的观念，这样才能保证体育教学内容的分类能够更好地指导体育教学过程的顺利进行。

3. 教学内容的分类要具有阶段性

体育教学贯穿学校教育的始终，但是个体的成长具有阶段性，不同年龄段的学生对知识和技能的接受能力不同，加之体育教学大纲对各个年龄段学生的教学要求和目标是不同的，所以在对体育教学内容进行分类的时候，应当具有阶段性，结合学生身体发育的阶段进行教学内容的编排。

4. 教学内容的分类应为教学实践服务

体育教学对实践性要求较高，实践性是体育教学的一个显著性特征。在进行体育教材分类的时候，首先应对教材的内容按照其实践性的强弱进行适当的划分。对实践性要求较强的体育教学内容，多安排其实践环节；对实践性要求较弱的内容，根据其性质多安排其理论课程的讲授，这样才能全面掌握教学内容的重难点。

5. 要明确教学内容的选编原则

随着社会对体育教学要求的不断提高，需要通过体育教学研究对体育教学内容进行调整和优化，而为了保证教学内容更有利于学生的成长和发展，首先应保证体育教学内容的科学性。因此，体育教学研究者首先应明确体育教学内容的选编原则，这也是进行体育教学研究的必备条件。

6. 掌握和了解体育校本教材

体育校本教材是体育教师在指导学生进行体育活动时的参考基础，也是教学内容的载体，无论是哪一个层次的体育教学研究，其条件都是建立在对校本教材加以了解的基础上，掌握当前情况下体育教学的基本内容以及编写方案，为研究提供更多的理论基础和现实依据。

7. 研究和了解体育教案

体育教案是体育教师在进行体育教学时的方案和步骤，是体育教学能够顺利进行的前提条件。开展体育教学研究的最终目的就是提高体育教学的质量，其中包括教师的教学方法和策略。对体育教案的研究和了解，能够帮助体育教师认识到体育教学内容研究层次的划分方法和要求。

8. 了解和掌握体育教学条件

体育教学的实践性极强，为了保证体育教学的顺利完成，首先应保证良好的物质条件和适宜的教学环境。良好的物质条件为体育教学提供了基础，例如，我们在开展体育教学的时候，学校需要提供诸如单杠、双杠、铅球、跳绳等一些能够保证体育运动项目顺利完成的物质条件。如果没有这些物质条件的依托，体育教学就会成为一纸空谈，无法落到实处，无法发挥其重要作用。适宜的教学环境同样也是体育教学的必备条件，学生只有在适合开展体育教学活动的环境中，才能真正融入体育教学活动；并且适宜的教学环境能够确保学生在体育教学活动之中的安全，避免不利于学生安全的事件发生；与此同时，适宜的教学环境能够促进师生之间的交流和互动，促进体育教学质量的提高。因此，在从事体育教学研究的时候，首先应清楚地了解体育教学条件，只有清楚地掌握体育教学条件，才能在此基础上对所得的教学方案进行可行性研究和分析。

第三节 体育教材化及其内容

任何一个学科都有其教材化的划分，这是学校学科教学的根本特点之一，为了保证体育教学的正常开展，体育教学工作者应重视对体育教材化的研究，为体育教学过程提供良好的教学素材，保证教学工作的正常进行。

一、体育教材化的概念

体育教材化是依据体育教学的目的和学生发展的需要，针对体育教学的条件将体育的素材加工成体育教学内容的过程。体育教材化的概念包括以下几层含义。

第一，体育教材化实际上就是将体育教学过程中的素材进行筛选、加工、编排，最终使其成为教学内容的过程，这是体育教材化最本质、最基础的含义。

第二，体育教材化侧重于对体育教学内容的加工和整理，体育教材也是加工的成果。

第三，体育教材化是依据学生的学习目标，结合学生身体发育的特点和认知规律，以为学生创造有利的教学条件作为前提而加工完成的。

二、体育教材化的意义

综观我国体育教学的现状以及特点，其涉及的内容非常广泛，它们有的来自人们的日常生活，有的来自传统的习俗，有的来自军队，都是体育教学内容的良好素材。但是这种素材绝不能被简单地认为是体育教学内容。如果我们将体育教材等同于体育教学内容，那么就无法保证教学过程的目标一致性，因为体育教材只是体育教学内容的参考，在教学的过程中，教师还应该根据体育教学的目标以及教学环境进行教学内容的筛选。

第一，体育教材化是选择体育教学内容的依据和前提条件。在教学内容的选择过程中，可以选择一些与教学目标和学生的发展需要联系较为密切的知识作为教学内容，以避免教学内容的繁杂，以及教学内容选择过程中目的性不强等问题。

第二，体育教材化是对较为宽泛的体育教学内容的加工，这样可以使体育教学内容的选择素材更趋近于教学目标和教学实际，消除体育教学素材与体育教学内容之间的差异，使体育教学内容的选择更具有目标针对性。

第三，体育教材化是对体育教学内容进行不断编排、整理、选择的过程，因此通过体育教材化对教学内容的加工，可以使所选择的体育教学内容具有整体性和系统性，体育教学工作者在教学过程中也能更好地发挥教学内容的教育作用。

第四，体育教材化能够通过将体育教学内容进行加工和整理，使原本抽象的教学内容具体化，更容易融入教学活动之中，更容易被学生接受，从而使体育教学内容成为教学活动的依据，保证教学能够有条不紊地进行。

三、体育教材化的层次

体育教材化有以下两个基本的层次。

第一，编写体育课程标准和教科书的工作，这是体育教材化的第一个基本层次。体育教科书是体育教学过程的参考依据，任何一门学科的教学都需要教科书的指导。这个层次的工作一般是由国家和地方的教育行政部门完成的，因为这是整个国家和地区的体育教学过程的参照。编写体育课程标准和教科书的工作，主要是根据教学目标和当今环境，进行教材的分类和加工，然后将所得的成果作为体育教学的教科书，供体育教学使用。

第二，依据课程标准和教学大纲以及教学目标，将体育教材变成学生学习的内容，这个层次的工作一般由学校的体育教研小组担任。体育教材中的有些教学内容只要求学生了解，有些教学内容需要学生掌握。因此，学校的体育教研小组需要结合体育教学目标以及不同年级学生的身心发展的规律和特点，把体育教学内容进行细分和细化，使其在体育教学目标的大前提下，更加符合某一个班级或是某一层次学生的学习需求。

四、体育教材化的内容

（一）体育教学内容的选择

体育教材化实际上就是对体育教材的整理和加工。所谓的整理和加工就是从宽泛的体育教学素材中选择较符合教学目标、学生身心发展需要和学校基本条件的内容。由于体育教学内容涉及的范围非常广，因此在进行教学内容的选择时，应遵守体育教学内容选择的原则和程序。

1. 选择体育教学内容的原则

要选择符合教学发展需要、目标针对性较强的体育教学内容，首先应清楚选择体育教学内容的原则。选择体育教学内容的原则有以下五条。

（1）统一性原则

体育教学内容最终的服务对象是体育教学目标，因此教学内容与教学目标要统一，实际上就是指所选择的体育教学内容要有其相对应的体育教学目标。如在体育课上，要求学生进行一些诸如跑步、跳远等体育运动项目，实际上是为了增强学生的体能；让学生练习单脚站立，是为了提升学生的身体平衡能力；要求学生进行小组赛，是为了培养学生的团队合作能力等。在选择体育教学内容时，坚持教学内容与教学目标统一性的原则，一方面能够保证所选择的教学内容的科学性、安全性；另一方面，对学生而言，还具有很强的身体锻炼价值。

（2）科学性原则

体育教学内容选择的科学性原则，是指所选择的体育教学内容要有利于学生的身体发展，能够促进学生身体素质和运动技能的提高，同时所安排教学的内容要在学生的身体承受范围之内。在进行体育锻炼的过程中，不能出现有损学生健康的行为，如不根据学生身体发展的特点而对其实施超负荷的教学任务，导致学生身体的某项机能受到损害。所以，在对体育教学内容进行选择时，要坚持科学性的原则，这主要包括两个方面：第一，要能够促进学生身心健康的发展，有助于增强学生的身体运动能力；第二，要保证教学环境和教学实施条件的安全性。

（3）可行性原则

可行性原则是教学内容选择的基础，是教学过程的基本要求，如果选择的教学内容不具有可行性，那么教学内容的选择就失去了意义。如一个没有足球场地的学校，要加强学生的足球运动技能的培养，这种教学内容是不具备可行性的，因为场地限制了这项教学内容的顺利开展。可以看出，可行性原则是指所选择的教学内容能够符合地区大部分学校的物质条件和教学能力，以及学生实际情况的需要。再完善的教学内容，如果没有教学场地和各种器材的支持，也不具备任何实用性的意义，都不应被选中。

（4）趣味性原则

趣味性原则是指选择的教学内容要能激发学生的兴趣，能使更多的学生参与其中。例如，很多学生喜欢上篮球课，这是因为篮球运动是当下最为流行的运动之一，学生可以借助这项运动充分地展示自己的活力，并能在运动中感受到乐趣。从学生的角度而言，体育运动带来的乐趣是学生参加体育教学活动的动机和目的，只有保证教学内容的趣味性，才能提高学生的参与热情，使学生能够积极主动地参与到体育教学过程之中，进而提高体育教学的质量。

（5）特色性原则

现在很多的体育教学研究资料显示，将地域特色融入体育教学之中，不仅能够促进体育走进日常生活，同时还能不断开发体育教学的特色，充分地发挥体育教学的创新性，提高人们对体育学习的热情。例如，因为舞龙文化而出名的奉化地区，在进行体育教学内容的选择时，就将舞龙作为教学内容之一，这极大地增强了体育教学的地域特色，以较为贴近学生生活的教学内容，提升了学生对体育教学的参与热情。换言之，学校开展体育教学的目的就是提升学生的体能，因此，在选择教学内容时，也要尽可能地与地域特色相结合，以增加体育教学的实效性。

2. 选择体育教学内容的程序

选择体育教学内容并不是盲目地进行，而是要依据一定的程序开展，这样才能保证所选择体育教学内容的清晰性。在选择体育教学内容时，需要一个可以操作的、优化的操作程序。

（1）确立教学目标

教学目标在教学内容的选择过程中占据着非常重要的地位。在选择体育教学内容时，应该坚持教学内容与教学目标相统一的原则，如果某些教学内容与教学目标不相统一，那么就应当予以剔除，比如拳击，因其对学生会造成一定的身体伤害，所以不应纳入教学内容之中。

（2）确保健身性和安全性

为了保证体育教学目标的顺利实现，根据教学的目标和需求选择了部分体育教学内容，但是有时这些体育教学内容并不能成为教学的最终内容，这是由于教学内容除了要符合目标性的原则之外，还要能够符合健身性和安全性的原则，这也是教学内容科学性的基本要求。例如前空翻，虽然这一教学内容符合体育教学目标的要求，但是因其在教学的过程中存在安全隐患，所以应舍弃。

（3）判断教学实践的可行性

对体育教学内容的选择经过以上两个程序后，接下来就需判断这一教学内容是否具有实践的可行性。因为如果一种教学内容不具有可行性，那么即使再好也没有任何的意义，如保龄球运动，虽然符合教学目标的健身性和安全性这两个要求，但是几乎所有的学校都不具备开设保龄球教学的条件，所以这一教学内容不具有可行性，不应出现在课堂教学之中。因此，判断教学内容的可行性与否，是教学内容选择的第三个基本程序。

（4）判断教学内容的趣味性

通过前面关于体育教学原则的介绍，我们已经清楚地了解到趣味性体育教学的重要作用。如果一项体育教学内容不具有趣味性，那么将很难被学生接受，即便其满足以上三个程序的要求，最终也不能保证教学能够顺利开展以及教学目标的实现。如铅球运动，虽然这一教学内容满足以上每一教学程序的要求，但是这一教学过程枯燥无比，无法提升学生的参与热情。

（5）符合终身体育教学观念

体育教学是终身体育教学和社会体育教学的基础，因此，在体育教学的开展过程中，要重视体育教学内容与社会和地区运动文化之间的关联，尽可能地把体育教学内容与社会和地区体育教学文化相结合，这是体育教学内容选择的第五个程序。如在艳阳高照、气温居高不下的南方开展滑冰运动，一方面不利于教学的开展，另一方面也不利于教学的基本操作，不应纳入教学内容之中。

为了保证体育教学内容的科学性和可操作性，应当按照以上五个程序来进行教学内容的选择。

（二）体育教学内容的编辑

体育教学内容的编辑也是体育教学内容选择的环节之一，体育教学内容编辑的相关内容如下。

1. 体育教学内容的分类

因为体育教学涉及的内容较为宽泛，为了保证教学过程的系统性和整体性，在对体育教学内容进行编辑的时候，首先应按照其特点和性质，进行简单分类。

2. 体育教学内容的编辑原则

体育教学内容大多源于人们的日常生活，涉及的内容也较多，因此，体育教学内容的编辑一直都是体育课程和教学理论与实践的难题。体育教学内容的编辑一般应该遵循以下三种原则：一是以学科体系为依据，按照由易到难的层次进行编辑；二是以学生身心发展的规律为依据进行编辑；三是根据教学的目的进行编辑。

3. 体育教学内容的排列方法

体育教学内容的排列实际上就是按照其编辑的逻辑顺序进行的，因此在内容排列的过程中，所有的内容都应该遵循学科知识特点和学生的学习逻辑，同时根据每个教学内容的特点，合理安排课时，并按照内容之间的递进关系，安排每一节课的教学内容。

（三）体育教学内容的改造和加工

经过选择和编辑两个步骤后得到的与体育运动有关的知识和内容，都是体育教学的素材，但是要将这些素材直接运用到课堂之中，还需要一个环节的支持，即对体育教学内容的加工和改造，这一过程也是体育教材化的过程，最终将体育教学素材转化为体育教材，融入体育课堂之中。

从我国目前的体育教学现状来看，我国在体育教材化方面已经取得了初步的成效。我国体育教材化的方法，主要有以下几种。

1. 动作教育的教材化方法

动作教育是欧美国家的一种体育教育思想和体育教材化的方法论，其特点就是将一些体育竞技类运动按照人体运动所应遵循的原理加以归类，提出针对学生的教材设计，如"体操""舞蹈"等。这种教材的趣味性较强，操作较为简单。

2. 游戏化的教材化方法

游戏化的教材化方法主要用以提升学生的学习热情，其主要适用于一些比较枯燥和单一的运动，这类运动较难引起学生的学习兴趣。为了最大程度地激发学生的学习热情，可将这些枯燥和单一的运动通过一些游戏情境串联成游戏，从而提升参加者的兴趣。

3. 理性化的教材化方法

理性化的教材化方法主要是为了帮助学生理解一些运动的原理，在教学过程中将"懂与会进行结合"的体育教材化方法。其主要特点在于挖掘体育运动背后的原理和方法，以探究式和启发式的教学为依据，引导学生进行教学知识的学习。

除了以上三种常用的教材化方法外，我国还有文化化的教材化方法、生活化和实用化的教材化方法、简化的教材化方法和变形的教材化方法等。

（四）体育教学内容的媒介化

由于体育教学内容较注重实践性和科学性，因此体育教学内容的媒介化是体育教材化的最后一项工作。实际上，是将体育教学素材进行选择、编辑、加工之后，最终将其变成嵌入在某种教学媒体之上的教学内容，在教师和学生之间建立一个知识传播的媒介。

体育教学内容媒介化的载体一般为教科书、多媒体音像教材、多媒体课件、挂图、黑板板书和学习卡片等，通过它们能够直观地将体育教学中相关的知识展现在学生的面前。

第四节　高校体育教学内容的创新

一、高校体育教学内容体系构建

体育教学内容是体育教学大纲规定的学习范围。我国体育教学内容包含理论和实践两部分。教材属于一个知识技能体系，是联系教师和学生的中介，是学生主要的知识来源，也是学生身心发展的基础。其教学内容以体操、田径、篮球、排球、足球、武术、舞蹈、游泳、滑冰等动作项目为主体，尤其是田径和体操比重最大，这就是我们实践教材选择的基本范围。关键在于整个教学内容体系应当具备一个合理的结构，这个结构要贴近社会和生活，符合学生的身心发展特点。因此，研究教学内容结构体系建立的理论，探讨体育教材选择的依据，对提高体育教学效果是十分必要的。

（一）体育教学内容的结构特征

体育教学内容的结构是指体育教学中特定的内容之间的配合。它必须既能满足社会的需要，又能满足作为教学主体的学生的需要。换句话说，就是学生对能满足自己需要的教学内容才会产生兴趣。因此，教学内容的优化组合是体育教学内容结构中的关键，而社会需要是社会对教育目标的要求。社会需要和学生主体需要具有统一性，但它们在满足的层次上、时间顺序上是不一致的，我们必须把握体育教学内容结构的基本特征。

1. 体育教学内容结构的目的性

体育教学内容结构具有明显的主观目的性：当客观的需要和主观目的相一致时，所建立的体育教学内容结构才是合理的。首先，在不同的学习阶段，学生对体育教学内容的需要是不一致的。其次，体育教学的内容结构要有利于学生形成合理的认识结构、技术技能结构、能力结构和体育方法结构。

2. 体育教学内容结构的联系性

体育知识和运动技能的种类是极其丰富的，任何体育教学内容结构都仅能包含其中的一部分。通过这些内容的教学，可以有效地扩大知识范围，打下良好的体育运动技术技能基础并建立良好的能力结构，为学生进一步的发展创造条件。体育教学内容结构的联系性表现在以下两个方面：

（1）具有横向特点的广泛性

身心的发展要求是全方位的，既包括保健、营养、卫生、锻炼原理、竞赛规则等基本知识，又包括促进身体发展的各种运动技术技能和练习方法。

（2）具有纵向特点的复合性

体育教学内容要随着学习的进行逐步深化，这是教学的基本规律。但是，体育教学目标是多元化的，它的实现依赖于多种教学内容的综合效应。复合性和广泛性的结合可以提高体育教学内容结构的全面性和协同性，教学内容的广博性和教学内容之间的联系性对学生创造性的发展也是非常有利的。

3. 体育教学内容结构的相容性

体育教学内容结构的相容性表现在体育教学内容结构内部相互渗透、彼此贯通。作为一个知识结构，体育教学内容结构应是纵向联系、横向相关的，这种结构内部互相关联的特性必然要求不同的内容之间彼此相容。体育教学内容结构的相容性使教学内容的选择具有更大的灵活性，体育知识技能具有更强的综合性。

4. 体育教学内容结构的动态性

体育教学内容结构要跟上体育科学的发展步伐，符合社会发展的需要，就必须具有动态性。这些新的知识需要及时在体育内容结构中反映出来。社会对人才素质的要求是不断变化的，如现代社会的快节奏、高竞争性的特点对人才的竞争力、创造力和良好的心理素质有了更高的要求。因此，体育内容结构总是处在一个动态的变化之中。

5. 体育教学内容结构的实践性

体育教学内容以实践为主，这是体育的本质属性所决定的。活动性内容应以在实践过程中对身心健康水平的良性影响为依据，换句话说，就是要考虑它对体育教学目标的贡献，使之既能产生教学内容体制改革具有的个别优势，又能形成多种内容结合而成的结构优势。

（二）体育教学内容选择的原则

体育教学内容非常丰富，而真正选择作为教学内容的，仅仅是其中的一部分。我们在进行选择时应该遵循以下原则：

1. 实践性和知识性相结合的原则

实践性和知识性相结合是由体育的本质属性所决定的。通过实践，要使身体的大肌肉群得到活动，各内脏器官系统得到锻炼，同时体验到体育的乐趣，这些都是以体育教学内容作为媒介来实现的。知识性主要体现在为什么做、怎么做和为什么要这样做上，这固然要通过基础理论内容来讲授，但更多的是在实践中体验、理解，通过运用来强化。体育教学内容发挥的作用就是将实践与知识连接起来。

2. 健身性和文化性相结合的原则

健身性是体育教学区别于其他教学的显著特点。文化是人类认识世界、改造世界和适应环境的产物。健身性和文化性相结合，就是体育教学内容既具有良好的健身价值，又具有丰富的体育文化内涵。

3. 民族性和世界性相结合的原则

体育的形式和内容总是与一些国家或地区的民族文化传统和民族习俗有关。例如，我国的武术、希腊的马拉松、欧洲的击剑等，无不具有鲜明的民族色彩。然而，体育教学内容仅强调民族性是不够的，任何民族，无论多么优秀，在发展过程中总会受到来自方方面面、形形色色因素的约束，总会具有一定的局限性。因此，体育教学内容必须体现出民族性和世界性相结合，既要保留优秀的民族体育内容，又要充分吸取来自世界各民族的优秀体育内容，并将它们加以融合，使之形成一个优势互补、功能齐全的体育教学内容体系。

4. 继承性和发展性相结合的原则

继承优秀的传统文化是教学的重要功能。体育教学内容的选择无疑是要吸收我国历史悠久的传统体育内容，这就是体育教学内容的继承性特点。文化的继承是有选择性、批判性的，对于传统体育内容，我们在有选择地继承的基础上进一步丰富其内涵，在保留其原有特点和精华的前提下剔除那些不健康的东西，使其更具有时代气息，这就是体育的发展性特点。

5. 统一性和灵活性相结合的原则

体育教学内容要面向全体学生，它必须具备基本的要求，有一个相对统一的标准，以使体育教学有一个较为规范的目标。我国地域辽阔，各个地区的条件不一致、发展不平衡，教学的相关基础不在同一起点。即使是处于同一个教学阶段的学生也会表现出明显的不同特点，因此教学内容必须根据教学条件和学生特点，兼顾统一性和灵活性，才能有利于促进学生身心全面发展。

二、教学内容的特性发展与变革

（一）体育教学内容的特性

体育教学内容除了在上述三点与其他教育内容具有共性外，还具备自身的特性。体育教学内容的特性如下：

1. 运动实践性

运动实践性是体育教学内容最突出的一个特点。体育教学内容与体育实践活动密切相连，受教育者本人必须在从事以大肌肉群运动为特点的运动时才有可能真正学好这些内容。当然体育教学内容中也有知识和道德培养的内容，但是体育内容中的知识学习和道德培养同样必须通过运动学习和实践体验来实现，这一点与其他学科的教育内容形成鲜明的对比。

2. 娱乐性

体育教学内容来自各种身体活动，而这些身体活动的绝大部分又是来自人的娱乐性运动，所以体育教学内容自然蕴含着运动的乐趣和娱乐性。体育教学的效果也受到体育教学内容娱乐性的影响，这也是体育教学内容与其他文化课内容的重要区别之一。

3. 健身性

由于体育教学内容中的很大一部分是以大肌肉群的运动为形式的技能学习与练习，体育教学内容的学习必然会给身体带来一定的运动负荷，参加体育教学内容的学习和练习时，都会对身体产生锻炼的作用。针对这样的情况，在教学实践中存在很多追求体育教学内容健身性的努力，如在编制体育教学内容时根据受教育者不同的身心特点将这些健身作用进行科学化的设计和控制，在教学过程中对运动负荷大小进行合理安排等，可以说，体育教学内容的健身性特点是其他教育内容所不具备的。

4. 人际交流的开放性

由于体育教学内容多是以集体活动的形式来进行运动的学习和竞赛，而运动是以位置的变动方式来实现的，因此体育教学内容与其他教育内容相比具有更明显的人际交流的开放性。体育教学内容以这种人际交流的开放性为基础，使体育教育内容的学习过程中的师生、生生之间的关系更加密切、开放。体育学习中的各种角色变化远远多于其他学科的学习。

5. 空间的约定性

体育教学内容还有一个"空间约定性"的特点。这是因为有很多运动是在固定的场地上进行的，甚至是以场地来命名的。由于体育教学内容的空间制约性，体育教学内容对场地器材具有很大的依赖性，场地、器材、规则本身也成为体育教学内容的重要组成部分。

（二）体育教学内容的变革

1. 教学内容的改进

有学者指出，今后体育教学内容的改进体现在以下几个方面：第一，以学生为本；第二，教学内容弹性更大；第三，明显淡化竞技技术体系；第四，教学内容更加概括，给教师和学生留出广阔的空间；第五，基本体操删去了大部分体育教学中不常使用的队形和队形变化的内容；第六，增加女生喜爱的韵律体操和舞蹈内容。在过去的体育教学中，体育锻炼的手段和方法限制得比较死板，我们选择了一些锻炼手段，让所有的学生都围绕规定的手段进行锻炼。现在的内容设置更多地考虑以学生为主体，进行了弹性的设计。当然，由于场地设施、师资等条件的限制，目前还不可能做到适应每一个学生的需要。"放开"意味着可供选择，给一个"菜单"以供选择，但菜单再大，也有一个基本范围。关于对未来的体育教学内容改革的预测：体育教学内容会更加多样，学生和教师选择体育教学内容的权限更宽，教学内容总体丰富多彩。

2. 体育课程与教材的选用

课程问题是任何一种学校教育的核心问题。这是因为课程集中体现了教育的要求、具体反映了教学内容，同时，还是教育质量评估、教学水平评价的重要依据之一。仅从一个角度去评价体育课程、选择体育教材显然是不可取的。

我们还应该看到，教材存在一个合理的排列组合问题，即纵向组织原则和横向组织原则。教材的选择具有多样性。这种多样性不仅来自学生身心需要的多样性，也来自身体练习的多样性，那种"唯一"或"最好"是不存在的。而且体育对健康教育内容的科学性、灵活性和多样性，给了体育教师在选用教材时有更多的自主权、更大的余地。教材要具有多样化和具有开放性，要突出重点，不必追求面面俱到。妥善处理好各水平阶段的纵向衔接与其他学科的横向联系，避免重复，同时注意在继承优秀传统体育文化的基础上吸收现代体育文化。体育与健康教材应突出健身性，健身性是体育的本质属性。

体育教材的选择要突出健身性，表现在以下几个方面：

①要考虑教材的健身价值。不同的教材，练习的效果往往有所不同，同样的教材对不同的对象在效果上也会各异。

②要考虑教材对心理的影响。选用的教材要有利于培养学生顽强的意志、健康的个性和积极向上的心理品质。

③要考虑教材的优化功能。一般情况下，只要合理运用，体育教材都有健身的作用。运用时要争取优选出最具健身效果的教材。有两层含义：其一，要注意教材本身的健康价值；其二，要注意教材搭配所产生的最佳效果。体育与健康教材要注意文化性。体育是人类所特有的一种社会活动，它具有继承性、民族性、时代性、世界性等文化特征。注意教材的文化性也就是要考虑体育教材的文化特征，即要注意对优秀传统教材的继承，使教材体系更具有时代气息、更加完整；使学生能形成正确的体育价值观念、良好的体育道德和符合时代要求的体育行为规范，实现身心的健康发展。

体育与健康教材要增强娱乐性。

体育教学的主要目标是树立终身体育意识和形成终身体育能力。第一，体育教材的娱乐性是引起学生体育兴趣的重要因素。第二，体育教材的娱乐性有利于学生体验到体育运动的乐趣，领略到体育魅力。第三，通过参加具有娱乐性的体育运动，能使学生精神愉悦，有利于缓冲学生的紧张情绪，更好地提高学习效果。

体育与健康教材要具有典型性。体育教学的内容非常丰富，教材不但类别多，同类教材项目也多。因此，我们选择的体育教材应具有典型性。

典型性表现在以下三个方面：

①在能满足达成同一教学目标的各类教材中，选择最有代表性的教材。

②在达成同一目标的同类教材中，要选择最具代表性的教材。

③选用的教材在同类教材中，在技术结构或身心发展上具有代表意义。

④体育教材要具备实用性。

体育教材是学生学习体育知识，提高健康水平，培养终身体育意识和能力的载体。体育教材的实用性表现在以下几个方面：

①体育教材对激发学生的体育兴趣、掌握体育知识、培养体育能力、体育方法的训练和身心发展有积极的促进作用。

②选用的教材在教学中要有适宜的教学条件作保证，以促使学生愿意将教材内容作为终身锻炼的手段，为其树立终身体育意识和培养终身体育能力奠定良好的基础。

③选用的教材对体育教学目标的实现有较高的价值。体育教材要体现时代性。体育是一种社会活动，它是随着人类社会的发展而发展的。以现代奥运会为标志的竞技体育，每四年都要展示一些新的项目就是证明。

三、高校体育教材特征

（一）体育教材的知识性与技能性

体育教材包括体育运动技能体系和体育健康知识体系两方面内容。由此可知，体育教材最重要的两个特性就是其技能性和知识性。在技能性方面，体育教材的内容载体应具备为学生掌握运动技能提供指导的功能，包括体育运动项目练习方法、竞赛活动方法、动作方法等内容。在知识性方面，体育教材应具备为学生了解健康生活、体育科学指导的功能，包括体育与健康等方面的具体内容。需要注意的是，体育教材的知识性与技能性要有联合性的体现，形成完整体系。

（二）体育教材的健身性与综合性

健康第一是我国开展体育课程的重要原则。因此，体育教材应具备一种重要特性就是其健身性。教材内容应能够体现传授健康知识与技能的理念思想。同时，体育课程的综合性决定了其教材的多元化，目标应遵循运动技能、心理健康、运动参与、身体健康、社会适应五个方面的内容。

四、体育教育专业教材改革与建设的意识观念

（一）体育教育专业教材改革与建设必须牢固树立目标意识

普通高校体育教育专业教材建设质量是实现人才培养目标的重要保证。目标意识即教材的改革、编写和选用要紧密围绕人才培养目标，符合课程教学大纲的要求。培养世纪具有创新意识和精神的"复合型体育教育人才"，不仅对教育、教学的各个方面提出了很高要求，也蕴含着对教材建设质量的高要求。教材改革与指导思想就是要不断适应社会发展的需求，不断提高教材质量，为人才培养服务。教材建设质量制约着人才培养的质量，因此教材不仅要具有很强的实用性，还要体现科学性、新颖性和系统性，具有很高的教育、教学价值。教材也是直接联结教师与学生的桥梁，作为含有各种信息和知识的载体，展现在教师与学生面前，为教师教学范围和深度提供基本依据，为学生学习提供基本内容和信息含量，使之更好地为培养目标服务。

（二）体育教育专业教材改革与建设必须牢固树立更新意识和创新意识

更新意识即加快教材的更新换代，缩短教材的建设周期，不断充实教材的新内容，努力保持教学内容的基础性、先进性和前沿性。

现代社会已进入科学知识高度分化与高度综合的时代，各种知识相互渗透、交叉和融合，不断地创建适应现代社会发展需要的新兴学科。体育学科也是如此，在现代社会发展的大背景下，在自身快速发展过程中，创建了一些体育新兴学科，如体育产业学、体育休闲学、体育经济学等，为体育教育专业培养"宽口径、厚基础"人才而服务。但是，新学科教材建设工作十分滞后，往往在开设这些新课程时，缺乏应有的教材是教学中遇到的主要难题，创编新学科教材已成为迫切需要解决的问题。广大教师和科研人员要主动积极地探索，进行有目标的挖掘与研究，逐步设计和形成创编新学科教材的思路、指导思想、框架体例、内容体系等，加强新学科知识的总结、归纳、梳理、重组和整合，不断充实、丰富新学科的理论与方法，创编出高质量的新学科教材。当前，尤其要重视创编适应社

会体育和学校体育发展需要的新学科教材。

(三) 体育教育专业教材改革与建设必须强化多样化意识

积极建设体育教育专业多种教材是丰富教学内容、提高学生综合素质的一项有力措施，有利于学生更好地理解、掌握基本教材的内容，为学习中的解题、解惑、解难提供更简洁明了的回答，为提高教学质量创造条件。多样化教材不仅为教师备课提供选择，有利于丰富教学内容，拓宽学生的知识面，还可以提高学生学习的主动性和积极性，培养学生自主学习的习惯和相关研究能力，有利于促进学生对体育知识的摄取、消化、转化和实际应用，培养学生综合运用知识的能力以及创新思维和精神。教材改革与建设必须强化多样化意识，即形成文字教材、电子教材、辅助教材和参考资料相配套的教学用书和教学软件，并紧密衔接、兼容基本教材的重点、难点内容，以适应现代化教学的需要，使多样化教材在深化教学改革、提高教学质量、培养学生综合素质中发挥重要的作用。

五、把握体育教育专业教材改革发展趋向

把握体育教育专业教材改革发展的趋向，能够更好地明确教材改革与建设的思路。当前，体育教育专业教材改革发展趋向主要表现在以下三个方面。

(一) 朝着多元化方向发展

体育教育专业的教材改革，首先表现在契合现代社会发展需要而朝着多元化方向发展，即教材由原来的基本教材（学生用书）建设逐渐发展为基本教材、参考教材（教师、学生）、试题（卷）库等相配套的建设；由原来的文字教材建设逐渐发展为文字教材、电子教材、网络课件等相配套的建设。注重字、像、声、图并茂，达到组合优化，进一步提高教材的全面功能以及可读性、可看性和参考性等，从而促进教材的全方位服务，充分发挥教材多元化的教育功能。

(二) 朝着不断创建新学科教材方向发展

为了人才培养和组织教学的需要，为了及时介绍、推广多学科知识经渗透、交叉、融合而成的新知识以及新知识在体育教育领域中的运用，有关专家、学者

勇于探索，大量开展原始性创新，努力创建各种体育新学科和创编各种体育新学科的教材，供学生学习与参考，开拓新知识视野，这也是教材改革建设的一个重要发展方向。21世纪信息发展非常之快，信息淘汰与更新的周期大大缩短，大量新信息的产生积极地促进着人的思想观念、思维模式、知识结构、能力结构乃至精神与人格诸方面的变化，从而使人的综合素质与能力不断得到提高。同时，体育教育专业各学科知识的综合性得到了加强，并与其他学科知识相互渗透、交叉、融通，在实践中各种知识的碰撞会产生许多新的体育现象，亟须运用体育理论知识加以解释与指导。社会发展是创新教育的推动力，而创编各种体育新学科的教材是不断促进创新教育开展的重要部分，是人才培养"面向现代化、面向世界、面向未来"的需要。

（三）朝着体育人文社会科学方向发展

在体育教育中，体育人文社会学科知识的教育占有重要位置，如学校体育管理和社会体育指导等，必须培养学生掌握一定的体育人文社会学科知识，才能胜任今后的工作。鉴于此，大量的人文社会科学知识会不断被借鉴、移植、渗透和运用到体育教育中来，从而促进体育人文社会学科的建设与发展，并创建体育人文社会学类的新学科和创编相关的教材，为达成培养目标服务。人文社会学科的研究主要涉及"人—社会"方面，而体育学科的研究则主要与"体育—人—社会"有关，其知识底蕴容易相通，相互之间易渗透、交叉和融合，从而创建了各种体育人文社会学类新学科。因此，体育学科与人文社会学科之间不存在一条宽阔的"壕沟"，仅仅是一个"门槛"而已，只要努力学习、深入研究就可以使其为体育所用。随着社会体育事业的快速发展，对社会体育指导工作的要求越来越高，只有掌握大量的科学理论知识才能更好地指导实践，促进社会体育事业蓬勃发展。因此，体育教育专业教材改革与建设会快速地朝体育人文社会科学方向发展，架起社会体育理论与实践之间的桥梁。

六、编写体育教育专业教材应遵循的基本原则

在编写体育教育专业教材时，确定并遵循相关的基本原则至关重要，遵循这些原则是提高教材建设质量的必要保证。

（一）实用性原则

编写教材要先贯彻实用性原则，这是"教与用""学与用"、理论与实践紧密结合的具体体现。在选择与创编教材内容时，"实用性"要立足于契合现代社会快速发展的需要和适应基础教育改革的需要。在现有不多的教学时数内，选择最具运用价值、最新研究且实用价值高的理论、方法、技术和技能等，使编写的教材具有很高的实用性，学生能学以致用，紧密联系实际，解决实际问题，提高实际工作能力。

（二）科学性原则

遵循科学性原则，主要体现在所编写的教材要符合教学对象的实际，符合学生的知识水平、认知规律、身心发展规律等，使教材的教育作用能促进学生形成合理的知识结构，潜力得到开发与利用，综合能力和整体素质得到全面发展与提高。

（三）新颖性原则

编写教材要不断更新内容，突出新颖性原则。如果教材内容陈旧，落后于时代的发展，就会造成学生学得无用，教师教得无意义，得不偿失，事倍功半。编写教材不仅要选择最新的知识，还要对原有的知识加以改造、转化、组合等，形成新的理论体系和方法体系，使教师教有味道，学生学有兴趣。编写教材除注重内容新颖外，还要重视教材版式的创新，加强配套教材的建设，从而全面体现新颖性原则。

（四）系统性原则

考虑系统性是编写教材的重要原则。一本教材代表着一门课程较为完整的教学体系，尽管课程不能等同于学科，但在教材中应涵盖自身的基本概念、理论体系和方法体系等，虽自成体系，但又相互联系，紧密结合。只有充分考虑系统性原则，系统构建教材编写内容框架，才能使学生掌握一门课程的完整知识，而非零星散乱、缺乏内在紧密联系、难以运用理论指导实践的知识。在贯彻系统性原则的同时，一定要避免相关课程教材在内容上的重复。当前，相关教材内容重复的问题比较突出，应深入研讨与探索，加强相关课程知识内容的梳理、整理与归属，科学构建每门课程教材的知识体系，使之形成独立且完整的系统。

（五）精练性原则

教材是一门课程教学内容的综合体现，体育教育专业课程教学内容源于课程相对应的学科的部分知识，但绝不是全部知识。随着学科的不断建设、壮大、成熟与发展，其知识体系会越来越丰富，而专业教学计划对课程教学时数的把控极为严格，要求在规定的教学时数内完成课程教学任务。教材内容的选择也受到教学时数的制约，精选教材内容、体现精练性是编写教材应遵循的重要原则。根据培养目标和规格，依据教学任务与教学时数，既要精选教材内容，把握学科内在的知识体系，把握现代社会发展的需要，把最具代表性的知识点、知识面和先进的方法、手段精选教材，又要加强教材体例结构、文句等的精练性，才能编写出一本好的教材。

（六）发展性原则

编写教材应充分考虑发展性原则。体育教育专业学生培养要"面向现代化、面向世界、面向未来"，教材改革与建设也要体现"三个面向"的精神。因此，教材建设要体现一定的前瞻性，契合现代社会发展的进程。同时，贯彻发展性原则还应从学科自身不断发展，前沿知识不断涌现，发挥教材对学生潜在发展性的促进作用等方面考虑，把握好教材改革与建设的思路。

七、我国高校体育教材优化策略

（一）理论课教材优化

一般而言，体育理论教材主要以教室作为教学场所，在利用现代信息技术手段方面具备更多的便利性。在理论课教材优化方面，教师应注重体现体育理论教学难点、重点内容，并与课程教学模式相融合。在新时期的理论课教材呈现方式上，教师需要根据以下两个方面来优化理论课教材：

第一，自制软件形式。根据现阶段体育技能项目的运动轨迹与技术特征，教师可运用多媒体技术来丰富体育教材的内容体现，利用 PPT、微课制作等技术，转变传统的单调理论教学模式，创造出图文并茂的体育理论教材，这样不仅可以提高教学效率，还可以提升学生对体育课程的兴趣。

第二，多媒体课件的形式。文本、图像、声音、视频等多媒体课件是纸质体育理论教材的延伸，在体育理论教材内容与表现形式方面具有很多优势。随着互联网技术的发展，体育教材不再局限于课本知识，而是趋向于多信息通道融合，这利于满足体育教学的现实需求，便于学生理解。

（二）高校实践课教材优化

现阶段，衔接学校与社会的重要内容之一就是以能力与习惯为导向来实现高校实践课教材的优化，这对帮助大学生养成终身体育意识有重要作用。相较于一般教学课程，体育实践教学在模仿性、形象性、直观性等方面都有更加明显的特征。在体育实践课教学中，很多课堂时间是用于学生自主练习与教师示范讲解的。大部分实践课需要在运动场所展开，其教材数字化课时比重在百分之十左右。基于此，除了战术学习与运动项目技术外，实践课程的内容并非所有实践教学内容都适合进行数字化整合，还包括身体素质的锻炼。相关人员在编写高校体育教材时，需要使之符合大学生行为习惯和思维特点，满足经济社会发展的需要，使教材可以有助于学生养成体育锻炼的习惯，掌握两三项可终身受益的技能。

思考题

1. 体育教学内容与体育运动内容的区别是什么？

2. 体育教材化的意义是什么？

3. 编写体育教育专业教材应遵循的基本原则有哪些？

第三章　体育教学的模式

⊙导　读

随着教育的发展，我国始终积极寻求更优的教学方式，目的在于不断提高教学的水平与质量，让广大学生享受到更好的教育，不断提高自身的能力。就目前的情况来看，我国高校体育教学模式的主要特征突出表现为教学模式多样，且教学形式丰富。针对不同体育项目有不同的教学方法。总体来讲，高校体育教学模式包括自主教学模式、合作教学模式、俱乐部教学模式等，这些教学模式应用在当代体育教学中，为教学带来了极大的便利，并且也得到了很好的效果。

⊙学习目标

1. 了解三种教学模式的概念。
2. 掌握教学模式的构建方法。
3. 明白教学模式的应用发展。

第一节　自主教学模式

一、概述

（一）自主教学内涵

1. 自主教学概念界定

关于体育自主教学，目前学界并没有统一的定义，许多研究者从不同的角度和层面对体育自主教学的内涵与外延进行了阐述。体育自主教学即将学生作为参与教学的主体，教学目标、教学模式、教学内容和方法都应紧紧围绕学生展开，并和教师因素共同构成体育自主教学系统。同时，健康、愉悦、放松等积极因素应成为教学的主要原动力。

2. 自主教学外延释义

体育自主教学具有两个层面的双面性，对于教师而言，它是一种教学模式与方法，而对于学生而言，则是一种学习的模式与方法。因而，从整体上来看，高校体育自主教学就是为了实现一定的教学目标，将学生作为教学的主体，围绕这一主体开展教学模式、教学内容和教学方法的选择，充分发挥学生的主观能动性，激发学生参与热情的一种全新体育教学模式。从教师的角度进行阐释，自主教学就是为了实现一定的教学目的，依据体育教师的安排和规划，学生根据自身的条件制定学习目标，确定学习内容，最终完成学习目标的体育教学模式。

（二）自主教学模式的特点

关于自主教学，目前学界并没有一个严格的定义，大致上可以理解为"通过多种形式丰富教学手段，引起学生学习的欲望进而对学习内容进行自发性、连续性的发散学习行为"。具体到我国高校的体育教学中，我们可以将其定义为"在老师基本教学的基础上学生针对自身情况制定学习方法，自我监控、自我调整、自我评价，最终实现体育教学目标的教学方法"。根据自主教学的描述，我们不难发现它的主要特点：

1. 主观能动性

主观能动性是素质教育的重要内容，也是高校构建体育自主学习模式的核心特点，还是自主教学模式的基本特征。在传统教学模式中，体育教学和其他学科一样，教师往往处于教学的中心，学生往往需要"跟着教师的节奏走"，并按照教师设定的内容、方式、进度、目标进行学习。在这一模式下，学生的学习很大程度上是被动的，学生按照既定的模式进行，既没有充分结合学生的特点和个体差异，同时也使教学墨守成规，学生的主观能动性和积极性受到一定程度上的局限。

在自主教学模式中，首先关注的便是学生的个体特征，并将学生作为整个教学的核心，所有的教学工作必须紧紧围绕学生开展，同时学生在教学中也必须扮演重要的角色，而不再是单纯的按部就班。在这一教学模式中，学生应根据自身兴趣爱好和个人特质，结合教学实际情况，和教师一起确定教学的主题、方式和内容，并在教师的指导帮助下进行自主学习，自行选择学习目标、内容和方法，并积极主动地推进教学，充分发挥自身的主观能动性，逐步成为体育教学中体育知识、体育技能和方法模式的构建者。因而，自主教学模式是反对强制式、灌输式和被动式教学，主张主动式和探索式的自主学习模式。

2. 教学有效性

传统教学中被动性和灌输性的比重较大，其教学效果受到诸多因素的影响，由于没有充分结合学生的个体特征，教学效果往往主要依靠强制性的学习和反复的练习来实现。在教学实践中我们注意到，即使教师讲的内容都一样，但学生的学习效果却有天壤之别，成绩优异的学生无一例外都进行了相当程度的自我学习，而正是自主教学的深入开展，让他们学会了发现问题、解决问题，并适应了自我分析理解的能力，实现了从"鱼"到"渔"的过渡。由此可见，自主教学模式的学习是有效的，因为在这一模式中，学生成为积极主动的主体，自主教学模式水平越高，则学生的学习效果往往就越好，学校体育教学的质量通常也就越高。

3. 相对独立性

自主教学模式和传统的自学既有联系也有区别，虽然两者都鼓励学生在整个学习过程中充分发挥自身的主观能动性，摆脱对他人的依赖，实现自身学习能力的提升。但是，自主教学模式同时也强调了自主学习过程的系统化，强调教师的引导与帮助和学生之间的分享与交流，因而自主学习系统的独立是相对的，学生不可能脱离教师和学校，完全进行独立的自我学习。相对独立性体现在两个层面：从宏观来看，体育自主教学模式中的构成元素，学生不能完全独立，教学目标，教学内容，教学方式，体育训练的内容、阶段、时间等，学生不可能完全脱离教师的指导和帮助；从微观来看，每一个元素从开始到设计，再到实施及总结，每一个过程学生都需要来自教师和同学的资源共享及帮助与支持。因而，高校体育教学中自主教学模式的独立性是相对的，需要分清学生的学习在哪些方面和过程是自主的，只有这样才能设计出更加符合教学实际的自主教学模式。

4. 情感丰富性

情感是现代教育中一个重要的概念，21 世纪兴起的情感教育便是对这一要素的深入挖掘。情感对于教学具有明显的影响作用，积极乐观的情感会对教学产生积极的推动作用，而压抑消极的情感则无疑会对教学产生负面作用。在自主教学模式中，学生的主观能动性得到积极的调动，其情感得到释放和良性的引导，和传统的教学模式相比，学生在教学中往往可以表现出更加丰富的情感和积极的情绪。自主教学模式带来的轻松活泼的课堂气氛，互助共享的教学资源以及给予学生的展示平台，都将有力地推动学生正面情绪的释放，而这种正面积极情绪的释放，将对教学产生积极的推动作用，同时拉近教学双方的距离。

5. 范围有限性

自主教学模式并不是适用于所有的教学，因为对于某些要求极高且教学资源十分集中的高精尖项目（如核能、航天、军工技术等），采用自主教学模式未必能适用，或者是教学环境不允许。因而在教学实践中必须注意到，并不是所有的教学内容都可以完全采用自主教学模式，很可能某些学科只能部分采用或借鉴其思维。高校的体育教育和其他学科的教学目标存在巨大差异，通常来说，高校的体育教学并没有在知识模式方面有严格的教学目标，而更多是让学生认识体育、热爱体育，并建立起积极乐观的心态和坚持体育锻炼的习惯，从而全面提升国民的综合身体素质。因而，高校体育教学是可以灵活化及自由化的，只要能实现最终教学目的，无须拘泥于采用传统的教学模式。

二、高校体育自主教学模式的构建

（一）高校体育自主学习模式的构建策略

1. 强化学生自主学习的理念

在多数学生的观念中，体育课就是打球、跑步，然后获得相应的学分，对体育课本质缺乏理解和认识，体会不到体育锻炼增强身体素质的重要意义。

（1）改变学生的传统观念

使学生认识到体育课对自身身体素质提升的重要性，让学生了解到自主学习体育课程能提升自身的交际能力，同时可有效提高自身解决问题的能力，更好地适应未来社会的发展需要。这样能够增强学生自主学习的意识，树立自主学习的观念，积极主动地、发自内心地投入到体育锻炼和体育知识的学习当中，从而有效地提升学生自主学习的能力。

（2）促使学生正确认识自我

高校学生体育课程的选择和体育锻炼计划的制订都要以学生自己的身体条件为依据。所以，学生要对自身的状况有全面的了解和正确的定位。只有这样，才能够制订适合自己的学习目标，进而制订相应的学习和锻炼计划。

（3）增强学生自我监控与调节能力

在培养学生自主学习能力的过程中，教师要注意培养学生自我监控和调节的能力，让学生通过自我测试和反省等方式对自己制订的学习目标和锻炼计划进行控制和调节，及时改变学习策略和方法，对自己获得的能力、技能和知识进行及时评价，树立自信、扬长避短，不断激发学生学习的创造性和积极性，为自主学习能力的提升创造空间。

2. 打造"自主选择"的体育学习模式

在高校体育学生自主学习过程中，教师应充分尊重学生，根据学生的不同体育运用情况，适时打造"自主选择"式学习模式，这主要包括自主选择学习的时间、内容和方法等方面，使体育真正走向学生自主，努力提高体育学习质量。

（1）"自主选择"体育学习时间

在高校阶段，学校的教学管理形式是学分制，这种制度给予学生在课程选择上有较大的自由，学生可以根据自己的具体情况来安排体育课的上课时间，不管是专项体育课，还是普修的体育课。除了学分制之外，学校还应有针对性地创造条件，让学生自由选择上课时间，这样能够有效地激发学生上体育课的积极性，在保证与原有学分制同步管理的同时，有效地提升学生的自主学习能力。

（2）"自主选择"体育学习内容

学校应不断地丰富体育课可选择的教学内容，给学生更多的、依据自己的兴趣爱好自由选择的机会，但是高校需注意调控学生的学习活动，加强教学管理。

在高校体育自主教学过程中，应注意以下教学侧重点：第一，充分利用高校丰富的体育资源，给学生更大的自主选择空间。在普修体育课上，要尽量根据学生的兴趣爱好来安排教材的内容供学生选择。在专项体育课上，在完成统一教学内容之后，尽可能留出适当的时间给不同基础的学生进行自主的学习和锻炼。第二，学生自主选择教学内容之后，教师要加强对教学的监督和管理，对学习要求制定严格的标准，并安排相应的人员组织学生之间相互交流和学习，在这一过程中教师要适时给予指导，保证学生学习的质量。

(3)"自主选择"体育学习方法

每个人的身体素质都存在着非常大的差异，所以需要教师因材施教，根据学生对教学内容理解和接受能力的不同，引导学生自主选择适合自己的练习方法。此外，在不严格要求技术规范的教学内容时，不要限制学生的练习方法，允许学生用不同的方式完成同一内容的练习。例如，在进行篮球运球训练时，教师应引导学生以个人独立、小组合作等不同模式学习运球，并且结合运球竞赛、游戏等方式，激发学生自主学习的积极性。

（二）建立并完善科学合理的自主教学教育模式

建立一个科学合理的自主教育模式是发展高校体育自主学习的基础，为此，我们应彻底改变传统高校体育教育的教师本位思想，将学生完完全全作为教学的核心，所有的教学都围绕学生展开。要建立这样的模式，我们应考虑到以下一些因素：

1. 组织引导系统

组织引导系统是高校体育自主教学模式的首要环节，也是这一系统的基础和流程导向，具有重要的基础性作用。组织引导系统的主要作用在于宣传自主教学模式的理念和基本模式，并通过宣传让学生逐步认识、感知并接受这一新兴教学模式。此外，组织引导系统的另一重要作用在于激发学生对自主教学模式的参与热情，通过丰富多样的形式将学生吸引到相关体育教学之中，并让学生对学习产生深入理解和挖掘、自我探索的欲望。可以这样说，组织引导系统是激发学生参与自主学习的首要和关键性环节，这一环节将为高校体育自主教学模式提供强大的原动力。

组织引导系统的核心在于教师的组织和规划，教师首先应对教学目标进行宏观设置和整体把控，并进一步将目标细化为整体目标和阶段性目标，根据目标的设置规划相应的课程与教学手段。在组织引导阶段，课堂教学的内容与形式十分重要，需要快速抓住学生的注意力和兴趣，并给予其宽泛的想象空间，这对于后续自主学习系统的推进十分必要。以课堂教学的引入为例，传统的体育教学往往缺乏课堂教学的引入环节，而在组织引导系统中，高校可以尝试以下热门的话题来展开本堂教学，即设置相应的课堂教学引入机制，如精彩激烈的 NBA 比赛、奥运比赛、街舞、扣篮进球集锦等。这些内容紧扣教学内容，可以在很大程度上激发学生的兴趣和激情，相较于传统的集合加解散模式，显然更有利于营造教学氛围，并能够鼓励学生积极参与其中，在课堂的一开始便抓住学生的注意力，从而为后续教学提供便利。

2. 学习系统

这是自主学习模式的核心组成部分，即建立并完善学生的学习模式。学习系统主要包括内容和方式两个层面，这也是学习系统需要明确的两个基本要素。内容，即学生需要明确地选择出学习内容，这一内容可以是多样的，但应充分结合学生的个人身体特质和兴趣爱好，经过教师的帮扶和建议，最终确定；而形式则是指学生自主学习的方法，学生既可以自己进行，也可以分小组进行。分组进行是常用的一种学习系统方式，其学习效果也比较突出，高校可以在学习系统中参考这一模式。首先，教师根据学生的意愿和自身的教学计划综合划分小组，并对各个小组设立考评机制，主要根据小组学习情况和最终教学目标的实现程度进行评价。这样，小组之间便可以形成良性竞争的机制，而在小组内部，各个成员之间亦可以进行经验分享与学习上的互助，从而在内外两个层面提升学习系统的效率和教学效果。

除了内容与方式两个基本层面，学习系统还需要设置一定的后续配套内容，如在学生选择了学习内容之后，则期末的体育检测便可增设考核学生自己选择的项目并保持一定的权重，这样会使得学生在选择的时候十分用心，能够充分结合自身的实际情况，且后期学习也会十分努力。同时可以在课堂上组织大家讨论采用什么样的方式来进行教学，讨论之后教师再综合考量大家的意见予以实施。通过反复的练习来不断反思和总结，再向同学和教师寻求帮助。

3. 过程控制系统

过程控制系统属于自主教学模式中的控制性和辅助性环节，也是自主教学模式区别于传统自学的重要因素。一般来说，过程控制模式分为两个部分，即帮助和监管，高校可以基于这两个模块构建过程控制系统。帮助模块主要用于解决学生自主学习过程中遇到的各种问题。由于体育运动的内容深入社会生活中的各个层面，在学生自主学习的过程中，不可避免地会遇到各种学习和体育运动实践方面的问题，如锻炼方式、运动技巧、各项体育运动的细节动作、比赛规则等，如果没有科学有效的帮助系统，那么学生的疑问将会越积越多，最终严重影响自主教学模式的推进。在帮助模块中，可以设置师生之间、学生之间和小组之间等多种形式的帮助，学生既可以自我解决，也可以讨论解决，当然也可以寻求教师的帮助。通过帮助模块的设置，学生在自主学习过程中的疑问可以得到及时有效的解决。

除了帮助模块，监管模块也是过程控制模式的重要组成部分。在自主学习模式推进的过程中，教师必须对整个过程进行监管，保证教学的正常进行，同时保证教学目标的实现。换言之，教师必须通过一定的手段，及时有效地掌握学生学习情况，当出现偏差或者教学环境发生变化时，教师应当及时调整教学计划和自主教学模式。监管模块的方式十分多样，例如，教师可以定期开展座谈会，开展学生小组内部讨论和小组之间的讨论，在讨论中分享学习经验，共同探讨学习问题，而通过这样的讨论，教师可以及时地把握学生的学习动向，以便于洞察当中存在的问题，进而进行纠正和调整。从这一层面来看，过程控制系统是保证自主教学模式按照既定模式发展的有效保证，这一系统的缺失，将很容易导致自主教学模式变得散乱无序，进而偏离教学目标。

(三) 分层教育法的构建

分层教育法是近年来兴起的一种全新教育模式，特别适合高校教育，和高校体育自主教学模式的构建有着良好的切入度。根据目前的教学实践效果来看，分层教育系统是实现和推动自主教育模式发展的强大工具和有效手段。分层教育法的主要特点在于对学生群体的重新划分，它充分结合了自主学习的特征与客观要求，更加重视学生的个体差异与个体特征，从根本上颠覆了传统体育教育的模式和教学目标，在灵活开放的高校教学环境中特别适用。

在目前的高校体育教育中，体育教育类别的划分往往比较粗略，仅仅是将专业与非专业类的学生进行分类，而大量的非体育专业学生将沿用一个教育模式。除了进行专项培训的学生之外，其余学生统一划为非专业类进行体育教学，采用公共教育课程和体育兴趣选修相结合的模式进行教学。这一模式沿用多年，取得了一定的教学效果，但是面对21世纪素质教育的深入拓展和教学环境的变化，逐渐表现出越来越多的问题。学生的个体意识不断增强，兴趣爱好各不相同，且体育基础和发展锻炼方向各有差异，不仅如此，在非体育专业学生群体中，也不乏对体育运动充满激情，渴望得到专业培训的学生，而传统的划分模式，对这些问题的处理显然心有余而力不足。

（四）建立科学人性化的检测模式

在传统教学中，教学检测是体育教学的末端环节。实际上，每一次教学检测都是对整个教学系统和教学效果的总结与评价，经过总结与分析，可以为后续教学的改进与进一步发展提供有效的支撑依据，因而科学人性化的教学检测模式，对于教学模式的实施与发展同样具有重要意义，对于自主学习模式而言，亦是如此。

在体育教学的检测模式方面，大体上采用的是"评分制"和"及格线"的模式，即根据学生学习的内容设置相应的考试内容，如立定跳远、跳高、百米跑、一千米长跑等，根据学生的测试成绩打分，再判断是否及格。当然，在素质教育不断深化的今天，测试的手段和内容在不断丰富发展，考试的内容也趋于多样化，结合学生实际开设了乒乓球测试、网球测试等项目，同时引入许多先进的体能测试设备，在提升检测精度的同时提高检测活动的趣味性。可以说，这些措施是行之有效的，相比传统单一生硬的检测模式更加有效生动，但是必须注意到，在现代化的检测模式下，"评分制"和"及格线"的模式并未得到根本性的转变。在这一传统模式的影响下，体育教学效果检测受到明显的不利影响：首先，学生的身体机能和体育综合素养存在必然的差别，划分统一的"及格线"显然不够准确和科学；其次，对于学生的测试结果，简单地以是否"及格"进行评价，显得太过粗略，对于学生后期学习的改进和教学方法的调整并没有明确的指导作用；再次，这种检测评价模式很容易挫伤部分学生的自尊心，从而进一步削弱其参加体育运动的兴趣与热情，甚至对体育教学产生抵触情绪，这对于高校的体育教学十分不利。因而，为了完善自主教学模式，高校在体育检测环节应尝试更加人性化和更加科学的模式，只有这样，才能真正有效地检测自主学习效果，同时为后续学习教学工作的调整提供有效的支撑。

"及格线"这一指标化的模式应该逐步被弱化。针对学生的个体特征和综合身体素养，除基本身体机能测试项目之外，应更多地和学生学习的课程结合起来，如各类体育运动，参加体育比赛的成绩等。对于测试结果，必须和学生的身高、体重等基本身体综合素质紧密结合起来，由此判断学生的身体机能是否正常，在哪些方面需要加强，后续学习的重点在哪些方面等。这样的测试方式显然更加人性化，充分考虑了学生个人身体素质的差异，同时也更加全面和科学。在测试过程中，借助现代化的各种检测手段、仪器，如阶梯测试仪（用以测试综合身体机能）、身高体重测试仪、肺活量测试仪、跳高测试仪等，可以进一步提升测试的趣味性。在测试的过程中，可以尝试将体育检测与学生身体机能的检测结合起来，形成针对学生综合身体素质评判的完善数据，这对于高校体育素质教育的推进具有十分重要的意义。测试完成之后，"评分制"的模式同样也应该逐步淡化，对于学生的测试结果，不再以简单的分数进行表示，而是出具一份详细的检测报告。在报告中，详细列举学生各项检测数据，对比学生的身体要素，指出学生在哪些方面机能正常，值得保持；哪些机能需要加强，并给出改善和运动的建议，同时列举不良生活习惯，呼吁学生克服或改正。这样的检测模式实际上极大扩充了目前体育教学的检测环节，人性化的检测模式在发挥科学检测效果的同时，也可以大大拉近学生和体育运动的距离，让学生认识到体育运动和自身身体机能紧密的联系。检测报告给出的数据和分析结果无疑可以有效激发学生进一步自主学习的热情，而报告中给出的建议，则可以成为学生进行后续自主学习的范本与引导性文件，具有很强的实践操作意义。

（五）积极扩展课堂外延

为了发展自主教学，我们必须将体育教学的课堂从单纯的操场分离出来，将普通教室、多媒体教室、网络化教室等元素引入体育教学。例如，对跳高的教学，传统教学方式往往是教师简单的示范和学生反复练习，而当中的细节动作和技巧，教师的讲解未必能让学生充分理解，甚至有时教师的示范本身就不甚标准。而我们若扩展课堂的外延，在教师简单讲解之后可在多媒体教室给学生播放跳远比赛的视频，这样的效果会更直观，学生也更容易理解。而在教室中我们则可以组织学生讨论，这样可以激发学生的学习热情，从而为自主学习的开展带来便利。不仅如此，开展第二课堂也是发展自主学习的有效方式，我们可以经常开展篮球比赛、乒乓球比赛、羽毛球比赛等活动，这些活动很容易吸引学生的参加，而为了在比赛中有较好的表现，学生对相应的活动进行精心的准备和大量的练习，在这个过程中不可避免地会对相关的体育知识和技巧进行学习和研究，这其实在很大程度上推动了自主学习的发展。

（六）加强现代科技与自主学习的结合

1. 加强 CAI 系统与体育教学的结合

CAI 也就是计算机辅助教学系统，凭借其强大的多媒体功能和良好的互动性在教学中得到了广泛的运用。体育教学强调身体语言，不论是广播体操、篮球、乒乓球还是羽毛球，都是由一整套复杂连续且节奏较快的动作组成，传统的讲解很难让学生产生直观的印象，也使学生把握不住当中的难点与易错点。而借助CAI 系统，我们可以给学生播放相关视频，让学生对整套动作和流程有非常直观的认知。以广播体操为例，我们可以给学生播放国家体育教育制作的标准动作示范，在此基础之上给学生讲解当中的要点，这样给学生的印象才十分直观、深刻。对于体操动作当中的难点，我们可以暂停、慢放、定格、反复重放，让学生看清楚，并及时地组织讨论，保证学生能够真正地理解当中的要点。

2. 逐步推广新兴课件化教学系统

课件化教学系统主要由播放设备、投影设备和遥控设备组成，其用户群日益庞大，网络资源也十分丰富。以篮球教学为例，篮球运动十分激烈，不论是相关动作还是复杂的规则都不易讲解清楚。对此，我们可以制作形象生动的课件，在课件中融入图像、视频等元素，由于课件系统具有高度的自创性，因此较 CAI 更加人性化。比如，"单手肩上投篮"是一个常用的投篮动作，我们可以在课件中以 flash 的形式对当中的"蹬、伸、屈、拔"等关键性动作进行分解，还可以用 flash 小游戏的形式来让学生进一步加深对所学内容的印象。

3. 搭建网络教学平台

网络教学平台并不是新生事物，在我国的高校教育中也得到了较为普遍的推广。利用校园网、学生电脑端口和学校的资源库，学生可以及时地查阅、下载相关信息，并进行教学、考试、报名、缴费等一系列的操作，其便利性和完善性较突出，这为体育自主学习模式网络教学平台的搭建提供了良好的基础平台。

网络平台虽然在教学管理和部分学科教学中得到广泛应用，但高校在体育教学领域并没有充分利用网络平台，体育教学在很大程度上更加重视操场和场地训练的作用。实际上，根据分析可以看出，在自主教学的模式中，教学双方以及学生之间及时有效地沟通交流和资源共享是十分重要的，其贯穿于组织引导、学习、过程控制和总结评价这四个子系统，因而高校在这一方面应充分利用自身已经具备的校园网络软硬件设备，加快构建体育自主学习网络平台。

第二节　合作教学模式

一、高校体育合作教学模式概述

（一）体育"合作教学"的含义

合作教学于 20 世纪初创立，20 世纪中叶在美国发展起来，是一种崭新的教学理念。合作教学的研究者从社会学、哲学、教育学和心理学等各个角度深入研究学习者学习活动中各种因素的作用，从而提出在教学活动中要进行合作教学的理论。在此基础上归纳总结出合作教学的定义：合作教学指的是以合作教学小组为基本形式，系统利用教学动态因素之间的互动来促进学生的学习，以团体成绩为评价标准，共同达成教学目标的教学活动。

具体来讲，合作教学具备三个方面的基本特征：第一，合作教学要以合作教学小组为基本形式，只有通过小组方式才能形成紧密结合的一种学习方式；第二，要利用小组间关于教学内容等因素的互动讨论，在互动交流中发展学生的推理能力、合作意识以及解决问题、人际沟通等各种能力；第三，这种教学模式要以整个小组即团队的成绩为评价依据，其能够有效地促进团队成员间的相互合作，改变个人独自学习的学习态度。

（二）高校体育教学中合作学习的意义

1. 合作教学能充分体现学生的主体性

传统教学模式下，高校的体育教学主要是以教师的"教"为中心，学生只是一味地去"听"，而合作教学的教学模式改变了这种单一方向的教学形式，将其转变为互动式的教学形式，充分体现了学生的学习主体性特征。合作教学能够给予学生学习的自由空间，更能够在合理分组的基础上促进学生间的沟通与交流。在体育合作教学的模式中，学生利用团队的合作精神能够很好地建立相互间的信任，充分表达自我的观点，锻炼思维能力，真正实践以学生为主体的教学思想。

2. 合作教学能促进学生身心的全面发展

体育本身有促进学生身心健康发展的作用，但要真正发挥出体育的这种作用，还要求学生能够进行合作学习。合作教学的教学模式通过小组的合作，加强了相互间的人际交往，能够促进学生在情感上、认知上以及身体上的全面发展，将学生的个体差异融入一个小的集体中，在共同探索和学习讨论中改变着每个人的社会认知。同时，良好的身体素质以及融洽的人际沟通能够使学生减轻体育学习的压力，产生更大的学习兴趣，保持心理健康。

3. 合作教学能够培养学生的团队精神，调动学习主动性

高校体育合作教学模式有助于培养学生的团队精神，充分调动学生学习的主动性。由于合作教学的成绩评估是以小组团队的整体成绩为依据，这极易促使小组内形成合作意识，淡化个人间竞争性。同时，小组间的竞争随之增强，学生通过整体的合作来与其他小组形成竞争，个人都不愿意因为自己的原因而拖整个小组的后腿，这被调动了学生学习的主动性，同时也培养了每个学生的团队精神。毕竟体育赛事中团队中每位成员的相互合作至关重要。

二、合作教学模式在高校体育选修课中的应用

（一）合作教学的基本原则

1. 以问解答

在高校体育教学中，不断提出问题作为提高教学效果的有效手段之一，不仅加强了与学生的交流与沟通，而且能够时刻掌握学生对教学方法、手段、内容的意见以及学习效率等情况，有利于对存在的问题及时进行适当的调整和改进。因此，在体育教学中要以提出问题为中心，千方百计为学生设计问题情景，让学生在解答问题的过程中寻求合作教学所带来的效益。此外，坚持以问解答原则突出了体育知识技能学习的普遍性。有些动作技术比较复杂，在讲解示范层面不易掌握，必须深入研究、反复练习，才能掌握技术动作的细节。提出问题不仅激发了高校学生深入探究、认真学习的激情，而且可以培养学生的创造性思维，对于继续学习相关的体育技术动作具有"迁移"作用。

2. 以灵带活

高校体育选修课教学的主要目的，就是改善学生的体质，增进健康，培养终身体育意识，以应对未来的挑战。在这一总体思路下采用合作学习教学模式，要注重教学内容、方法的灵活性，要不拘一格，把所采用的教学策略、教学方法与教学手段放在一个比较轻松的教学环境背景中，开阔学生的思维，使学生敢于交流、勇于沟通。这种沟通不是简单的集体小组讨论，而是建立在提出问题的基础上，深入研究体育技术动作的结构、要领，方式灵活，集思广益，共同思考，以达到共同进步的学习目标。因此，建立合作教学模式要坚持以灵带活的原则，充分发挥合作教学在高校体育选修课教学中的作用。

3. 体验实践

练习是高校体育课普遍采用的基本学习方法，而且练习在一节课中所占的比重通常比较大。但教学中常常会发现，学生对动作技术的掌握参差不齐。原因在于练习过程中多数学生只注重个体自我思维的发挥，只强调个体对动作技术的理解，而不善于发挥学习小组的力量，抑制了互助合作意识。虽然在此过程中有教

师的指导或者纠正抑或同伴的提醒，但促进作用不大，自身的思维定式已确立。合作教学模式注重实践性，这种实践性不是简单的练习方式的运用，而是在井然有序的教学秩序下强调"小组"的作用。由于思维方式被无限扩大，理解空间也随之无限放大了，可以创设多个学习环节和情景，因此，掌握技术动作的效率明显提高。

4. 主动配合

构建合作教学模式要强调师生、生生之间的主动合作，这是学习态度和意识的体现。把学习观点和思维方式全盘托出，互相信任，只有这样才能在深层次上理解动作结构。教学方法、学习方法、教学内容、教学组织等方面都可列入讨论的内容，但同样要求主动配合。有时候也存在各种问题，如班级内部的各种矛盾、师生之间的矛盾等。为了不影响合作教学模式的构建，这些问题必须妥善加以解决，以强化主动合作意识，营造一个健康和谐的学习氛围，提高教学效果。

（二）合作教学模式在选修课中的基本功效

近年来，高校学生的体质状况不容乐观，"弱体质"或"运动能力差"的学生逐年增多。此外，随着高校招生人数的急剧增加，各种类型的学生纷纷进入高校。一些患有肢体残疾、心脏病、肾病、神经性疾病等病症的学生也通过自己的努力进入高校，这些学生作为"弱势群体"，给高校体育课教学带来了一定的难度。对此，很多高校主要通过开设体育保健课以供学生选择的方式来加以解决，但是仍然有相当一部分学生由于某种原因没有参加这一课程的学习，而是选择了参加室外实践课的学习。这给整个体育课堂教学带来了诸多挑战，因为在安排教学内容或者教学方法时必须考虑这类学生，以保证整个课堂教学稳步开展。合作教学模式可以使这类学生在课堂上分组讨论，理解并掌握与体育相关的保健知识，这对他们自身的协调发展有相当大的益处。此外，他们在进行课外体育知识、技能练习时，也存在主动性较弱、动作定型较难、体育兴趣薄弱等方面的问题。这些现象在传统的高校体育教学中比较普遍，不仅影响了其他学生的身心健康，而且更重要的是，影响了学生参与体育健身的持久性，对日后的体育锻炼带来了严重影响。

1. 关注个体差异，开拓思维

针对这类学生的性格特点，在体育教学中不断关注个体差异，使体育教学面向全体，在进行分小组合作学习时注意各种不平衡现象，使各种差距不断缩小。在研究讨论时尽可能地发展他们的创造性思维，培养其积极主动参与的意识和分析、解决问题的能力，培养成功性思维。

2. 进行案例分析，培养兴趣

为了尽可能地培养班级课堂学习骨干，很多体育教师会在每小组中安排一名各方面素质都很强的学生担当小组长，在其领导下进行各种案例分析，特别是那些比较复杂、难以理解或者易犯错误的动作技术。针对每个学生的典型示范进行案例分析，提高了学生对技术动作的掌握程度，培养了学生的体育兴趣和参与运动的持久性。

3. 人性化管理，获取自信

合作教学模式体现了"人性化"的管理理念。在学习过程中，整个小组既要面向全体，又要关注个体差异，使每个学生都有参与的机会。机会均等有利于培养全体学生的自信心，这有别于传统的体育教学，在传统体育教学中，这样的"关注度"比较少。小组教学中对个体讨论意见的尊重以及练习时彼此借鉴，有利于学习效率的提高。

(三) 体育合作教学模式应注意的问题

1. 体育教学方法的运用

在任何情况下，采用不同形式的教学方法的主要目的，都是为了使教学进度和教学效果达到最优化，让不同层次的学生在最短的时间内获得最大的学习成果。无论是传统的教学模式，还是新型的教学模式，运用教学方法的主要目的都是一致的。在合作教学过程中，体育教师往往会运用一些比较先进合理的教学方法，如探究式、讨论式、自主式、启发式、案例式等。这些教学方法深受广大学生的欢迎，取得了相当好的教学效果，学生对运动技能理解、掌握的效率也会随之提高。

（1）满足学生心理需要

众所周知，现在的教授群体多是富有独特思维方式的特殊群体，他们在理解世界、感悟社会的过程中对新事物充满了期待和挑战。使用了几十年的传统体育教学方法对他们来说既枯燥又乏味，影响了他们的学习热情。而且实践证明，传统的教学方法在教学效果上不容乐观，学习效率比较低，班级中学生掌握动作技术的速率不尽相同，没有全面开发学生的创造性思维能力。

（2）革新的需要

高校体育教学改革是高等教育教学改革的重要组成部分，而教学方法的改革也是其中非常重要的一部分。改变原有的消极因素，建立新型的积极因素是基本途径。目前，很多高校都在试图建立一套科学合理且行之有效的教学方法，在采用合作学习教学模式的过程中，新型教学方法的运用也体现了该教学模式的时代性和先进性，符合高校体育教学改革的基本需要。

（3）提高教学效率的需要

在合作教学过程中，运用新型教学方法不仅提高了学习伙伴之间的学习热情，而且加强了生生、师生之间的沟通能力，培养了他们对特殊问题采取特殊解决方法的能力，开拓了独立解决问题的基本渠道，为今后课内外体育活动的开展奠定了基础。此外，根据教学目标建立的各小组，可以利用新型的教学方法建立一种信任机制，在脱离教师指导的情况下进行自主练习，互相取长补短，相互信任，根据自身对问题的理解程度构建符合自己实际情况的学习策略，有效地提高了学习效率。

2. 考核成绩的评定

构建合作教学模式最重要的就是如何进行评价，它与传统的体育教学评价方式存在很大的不同。传统的体育教学评价多是跟踪式的教学评价，以课堂教学效果为目标，根据学生对动作技术的掌握程度来进行评定，突出学生个体之间的竞争；而合作教学评价则把个人之间的竞争转化为小组之间的竞争，把计分方式改为小组计分，把小组总体成绩作为奖励或认可的依据，形成了"内部成员合作，外部成员竞争"的新格局，使整个评价由鼓励个人竞争达标转向鼓励大家合作达标。这种评价以小组成绩为依据，学生能否得到好成绩不仅取决于个体成员的成绩，而且取决于其所在小组成员的总体成绩。合作教学的教学评价使小组成员认识到，小组是一个学习的共同体，个人目标的实现依赖于集体目标的实现，小组成员的共同参与才是合作学习所需要实现的目标。这种评价可以激发小组成员互相帮助，鼓励合作竞争，以实现"不求人人成功，但求人人进步"的教学评价目标。这不仅有利于培养自主学习的习惯，而且还可以培养舒适健康的、高成就动机的教学环境。

3. 体育教学资源的有效开发利用

合作教学模式的最大优势在于能够实现体育教学资源的有效利用。随着城市化进程的推进，城市用地已经受到限制，而高校生源则不断扩大，出现了前所未有的场地资源大面积缩水，学生人均活动空间不断缩小，体育场地资源无法满足需要的状况。合作教学模式可以充分利用现有场地资源进行体育教学，由人人拥有器械场地缩减为组组拥有器械场地，不仅显著提高了分配使用率，而且也使学生学会了如何利用有限的资源进行体育锻炼，节约了场地器械，突出了小组合作的优势。同时，在教学过程中，各小组可以根据分组情况以及项目内容对体育场地、器械进行合理分配或再分配，使体育教学资源得到合理、有效利用。

三、高校体育合作教学模式的构建

（一）体育合作教学模式的基本要求

1. 合作教学分组

体育合作学习的教学分组主要以组间同质及组内异质进行：组间同质是指各组组间的学生水平基本一致、保持均衡；组内异质是指各组组内成员各方面之间都有一定的差异，主要包括学生性别差异、学生学习成绩差异、学生特长差异、学生体育技能水平差异等方面。同时，体育合作教学的分组还必须考虑学生的兴趣以及意愿。

2. 教学中的教师任务

教师课前在充分了解学生水平的基础上，根据具体教学内容设计相应的教学方法及教学任务，在体育教学过程中进行主导性讲授并对学生进行合作教学指导。

3. 教学中的学生任务

在体育教学过程中学生应根据教师布置的教学任务及要求，以合作教学小组为基本单位，充分发挥主观能动性，采用多种途径，通过集体合作来完成。

4. 体育课的开始部分

为提高学生的讲解、组织、示范等方面的能力，以体育合作教学小组为单位，让学生轮流带领其他同学做准备活动。

5. 集体讲授课

教师根据不同的教学内容合理安排集体讲授和分组合作教学的时间比例，讲解过程要突出重点、简单明了、注重效率。

6. 合作教学小组的课堂活动

在学生进行合作教学之前，教师要向学生讲明以下几个方面的问题：只有合作学习小组的学生都完成了教学任务，整个小组的教学任务才算完成。合作教学小组的同学要互相监督，检查同伴完成教学任务的情况，确保都能够完成教学任务。教师在学生进行合作教学时，要进行巡视、观察、记录，并适时进行指导。

7. 测试与反馈

学生在完成教学任务后，要进行独立性测试或者进行合作教学小组间的竞赛。教师根据测试或者竞赛的结果进行评价、总结，让学生认识到自己的不足，以便日后改正提高。

8. 课后任务

根据教学目标、教学要求，合理布置课后复习、预习任务及作业。

（二）体育合作教学模式在体育教学中的应用

1. 学生自学

体育合作教学的前提是学生进行个体学习，练习所学动作技能。体育教师要根据不同的教学内容、教学任务、学生水平制定相应的教学目标。要突出教学的重点难点，要求学生根据教师设计的技能学习流程以及个人所创造的新颖动作进行自学、自练，并根据个人特点选择场地器材。

2. 小组讨论

学生完成自学后，教师要组织好学生的组内讨论，让学生体验成功的喜悦。讨论的时间要根据教学内容、教学难度进行确定，时间不要太长，5~7分钟为宜。在小组合作学习完成后，还可以进行组间交流，教师可以根据学生的交流结果进行总结、补充并适当进行讲评。

3. 学生自主练习

在学生自学、小组讨论、交流以及教师讲评后，学生再进一步地练习提高技术技能，以期取得最佳的学习效果。

4. 学生技能展示

学生在完成动作技能的学习、练习后，每一个小组可以选一名代表，在全体成员面前展示学习成果。

（三）高校体育合作教学模式的构建路径

1. 转变传统体育教学思想，培养学生合作学习意识

新时期高校体育的发展现实要求各高校必须转变传统的体育教学思想，更加重视对学生全面素质的培养，充分认识到提升学生合作学习意识的重要性。教学思想是指导教学实施的一个前提和基础，合作教学的思想是根据小组学习中的团体压力和相互间的沟通交流来提升学生的学习主动性、体现学生学习的主体性。通过小组的合作学习改变传统以教师为主的教学模式，真正让学生成为教学的中心，形成师生间、学生间的动态互动模式，从而能够相互借鉴、共同学习。

2. 创新设计学生合作学习的过程，进行合理分组

高校体育教学模式在真正实施中，首先要创新性地设计学生合作学习的过程，即学生按照怎样的方式进行具体的合作学习。首先，要根据教材的内容来制定方案，目的是达到教材中某一时期的教学目标，只有拥有正确的目标才能有所追求；其次，根据每位学生的不同兴趣爱好以及身体状况、体育特长等进行分组，并制定小组的目标，这个目标的制定要符合小组的实际并能使每位同学都发挥出重要的作用。

3. 完善体育教学的评价标准，激励合作学习的主动性

高校体育合作教学模式的实施是否收到成效，是否符合教学目的，都需要拥有一个具体的评价标准，合理的教学评价标准有助于激发学生的学习主动性，也能够为教师提供一个明确的教学方向。合作教学的评价主要包括教师的评价、小组自身的自我评价以及其他小组的评价等，当然最重要的是要将小组视为一个整体进行评价，这样才能构成一个完整的评价体系。此外，教学评价要科学、全面，不能全部否定也不能完全认同，要本着对每位学生有激励作用的原则进行公平评价，在强调个人对小组重要作用的基础上，肯定每一位成员的进步，并能根据学生的不同基础水平进行不同程度的评价。

（四）运用体育合作学习教学模式应注意的若干问题

1. 注意学习中的群体发展

体育合作教学小组的成员是由不同层次体育技能的学生组成，这样的小组构成可以保证小组的成员都能充分掌握每个体育知识、体育技能及技术。但是，在合作教学小组进行合作学习时，体育技术技能好并担任小组长的学生，在体育教学过程中对技术技能掌握、理解得比较好，并通过在小组内对其他掌握较差的同学进行指导，从而动作技术技能能够得到进一步的理解和提高；而小组技术技能相对较差的同学，由于有较大的依赖性，学习的主动性较差，导致学习效果不佳。因此，在体育教学过程中，为使每一个学生对体育技术技能的学习都达到最佳的效果，在体育教学的手段和方法的选择方面，要根据学生个体的特点因材施教，创造适合每个学生学习的条件和环境，以达到最佳的教学效果。

2. 注意培养学生的创造能力

在体育合作教学过程中，教师应给学生更多的选择空间，为学生提供发挥创造性的机会。例如，在体育教学目标、体育教学内容、体育教学方法和评价以及同伴等方面提供更多的选择，以提高学生的判断能力以及优选能力等。

3. 注意充分发挥教师的主导作用

由于体育合作教学模式给了学生充分的"自由度"及"自由权"，学生的主动性大大提高，因此要注意"自由"与"随意"之间的区别，避免造成"放羊

式"教学的局面。学生在进行合作学习时教师要不断地进行巡视，对学生在学习过程中出现的问题及时予以指导启发，引导学生顺利解决问题，进一步完成体育教学任务，提高运动技术技能。

4. 注意发挥小组长的作用

体育合作教学小组长在合作教学中发挥着十分重要的作用，因此，体育教师在体育教学中要注意培养一批有较强工作能力的小组长。为调动学生的积极性，可以采用竞争上岗的方式，充分发挥他们的助手作用，协助体育教师共同完成体育教学工作。

5. 注意师生互评促进提高

体育合作教学小组活动评价是体育合作教学的主要特点，也是检验合作教学效果的主要手段。因此，在对学生体育学习成绩的评价方面要把重点放在学生不同程度的进步上，根据进步的程度进行成绩评价，使不同水平的学生在个人的努力下都能得到不同程度的肯定。

第三节　俱乐部教学模式

一、体育俱乐部教学模式的概念

体育俱乐部教学是由学生自主选择教师，同时根据教学条件开设相应的项目，系统学习该项目的原理与方法、组织与欣赏等方面的知识与能力培养的方法，从而达到真正掌握一至两项可终身从事的体育锻炼运动项目的一种教学模式。体育俱乐部教学注重培养学生的体育兴趣，提高学生的体育能力，以教学俱乐部形式进行教学。这种方式的教学注重知识性和趣味性、理论和实际相结合，发挥学生的主观能动性和创造性，让学生积极参与，使学生在体育锻炼中体验到快乐感、成就感，达到培养学生参加体育锻炼的意识，提高学生运动能力的目的。学校体育俱乐部式教学模式是以培养学生终身体育意识、习惯和能力为主的教学模式，它能够把学校体育与社会体育实现有效的衔接，并最终使高校体育向终身化方向发展。

二、高校体育俱乐部课内外一体化教学模式

(一) 高校体育俱乐部课内外一体化教学模式的作用

1. 有利于体育俱乐部教学课程的改革

高校选择的体育课程应具有实用性并便于教学，还应尽可能地开设时尚体育项目，以利于学生毕业后进行自我锻炼以及学生的职业发展。在教学目标的定位上，应明确定位运动参与目标、运动技能目标、身体健康目标、心理健康目标以及社会适应目标五个方面的目标体系。在教学用书的选择上，在重视传统体育项目的同时，适当选择新兴、热门的体育运动项目。同时，还需注重学生自主学习、自我监测以及自我锻炼等方面的能力，着重培养学生的终身体育意识和体育运动参与习惯。针对体育基础好、运动能力较强、学习求知欲较强的学生，可以开设课外体育辅导课和运动训练课，开展校内外体育文化交流，培养学生对于体育运动的兴趣，提高学生自主学习能力，促进专项技能得到质的提高，满足学生个性化的体育运动需求。对于高年级学生，可以开设健身类、健康类和休闲类体育运动课程，使学生认识到增强自身体质的长期效应，树立正确的体育生活方式，养成健康的体育行为习惯，保证体育教学长期不间断。

2. 有利于激发学生参加体育健身的兴趣

体育俱乐部制教学改革的重要环节就是打破传统的"三段式"体育教学模式，促使体育教学模式更加灵活。根据学生体育锻炼的兴趣、爱好和实际需要，并结合本校的体育基础设施以及体育教师的教学水平等主客观条件，停止向学生讲授一些枯燥乏味且学生选课较少的课程，同时增设符合大学生实际需求的体育运动项目，例如足球、跆拳道、街舞、钢管舞、篮球等体育项目。学生可以根据自身的实际情况和喜好选择相应的体育课进行学习，使学生从内心深处自发地对体育课、体育锻炼产生浓厚的兴趣，而不是被动地接受老师的灌输。学生只有拥有了浓厚的学习兴趣，体育课堂的气氛才会变得更加轻松、愉快与和谐。学校各体育俱乐部每学期还应定期举行各种形式的课内外比赛活动，以期达到既丰富学

生的业余文化生活，又提高学生体育锻炼兴趣的目的。

3. 有利于教师对课外体育活动的合理指导

体育俱乐部课内外一体化教学模式的积极作用主要在于其能够将体育课堂内的体育知识延伸至体育课堂以外的部分，实现高校体育教学影响范围的最大化。教师通过这种模式可以间接地影响体育课堂外的活动，甚至可以直接指导学生进行体育课外活动。体育教师参与课外体育活动指导的频率意味着学校对课外体育活动的关注度和支持度。教师参与学生课外体育活动的主要形式是指导学生的体育俱乐部或者是体育社团，还有的指导为参加体育竞赛而组成的学生体育训练队，而多数学生则希望教师参与课外体育活动的指导之中。体育教学俱乐部中的学生认为教师参与活动的时间足够，能给予学生全方位、科学的辅导。体育教学俱乐部中的学生对于教师的课外活动指导普遍认为足够用，从而提升了学生对于课外体育活动的兴趣。此外，由于体育教师总是及时地到场对学生的相关问题进行合理解决，这也可以激发学生参与课外体育活动的兴趣。

4. 有利于充分贯彻终身体育的教育思想

在高校体育教学过程中，引入课内外一体化体育俱乐部教学模式符合终身体育的要求，有利于现代高校体育的持续、协调发展，课内外一体化体育俱乐部模式的教学是通过教师集中指导、学生分散练习的方式实现的，其作为高校体育课堂教学的外延和补充，能够极大地提高学生的积极性和主动性，调动学生参与体育学习和课外体育运动的兴趣和能力。在具体教学内容选择上，其也能体现学生的需求和兴趣，调动学生的运动热情。体育运动健身不可能"毕其功于一役"，需要在长期的生活、学习过程中持久坚持，课内外一体化的体育俱乐部教学模式以学生为中心，实现学习内容和训练任务与体育课堂教学的融合，极大地推动了学生在掌握体育知识、运动技能的过程中，逐渐养成终身体育的意识，并培养起终身坚持体育健身的习惯。

（二）高校体育俱乐部课内外一体化教学模式的构建

从教学模式概念和构成的角度来看，一个完整的课内外一体化教学模式，主要包含体育教学指导思想、教学目标、教学组织管理、课程教材、教学方法、教学结构程序以及教学评价等内容。

1. 体育教学指导思想

高校体育教学指导思想是指对体育教学的意义、内容以及方法的认识和理解，其对体育教学起着统领引导的作用。体育俱乐部课内外一体化教学模式的指导思想聚焦学生个体的差异，注重培养学生的体育兴趣与爱好，助力学生养成体育锻炼的习惯、增强体质以及提高体育技能。

2. 体育教学目标

体育教学目标是指在一定时间和空间内，体育教师和学生经过努力后所要达到的教学结果的层次、规格或状态，是高校体育教学的出发点和最终归宿，并决定着体育教学的发展变革方向。体育教学目标制定得是否合理清晰，将对整个高校体育教学过程产生直接、深远的影响，也对整个体育教学的发展方向起着指引性的作用。体育俱乐部课内外一体化教学模式主要包括课内和课外两大部分，但这两部分的总体教学目标是统一的。具体而言，此两部分的具体目标如下：

第一，帮助学生形成正确的体育价值观，树立终身体育观念，养成长期的体育锻炼习惯。

第二，帮助学生掌握一定的体育专项理论知识和运动技能，增强学生的身体素质。

第三，帮助学生发展个性，提高学生的创新能力和体育实践能力，全面提高学生的整体素质。

3. 体育教学的组织与管理

科学合理的管理机制是体育俱乐部课内外一体化教学模式保持规范运作的重要保障。学校各部门应加强分工协作，以保证体育俱乐部课内外一体化教学模式的顺利、规范实施。学校教务处负责组建多个单项体育俱乐部，各单项协会负责俱乐部的日常管理，学生处则主要担负课外体育俱乐部的监管、教学管理、技术指导以及体育基础设施的管理等工作。

4. 体育教学的组织方法

高校体育的教学组织方法是指学校组织体育教师进行体育教学以及学生进行体育学习与锻炼的具体方法。高校体育俱乐部课内外一体化教学模式的教学组织方法如下：学生在第一学期参加体育普修课，第二学期以后再实行体育俱乐部课内外一体化教学。其中，学生在第二学期至第四学期需要至少选择 1 个体育教学俱乐部（要求至少有 1 个体能项目）。第五学期以后学生可自由选择，学生选择后通过注册成为该体育俱乐部的会员。

各体育俱乐部必须根据学生的体质健康水平、运动技能高低，把学生分为初级、中级和高级 3 个层次进行分班教学，对于 3 个层次学生的教学内容可大体相同，但教学进度和要求应根据各个层次学生的水平而有所差别。体育指导教师按计划每周组织一个轮回的体育教学，并将其视为课内体育教学俱乐部，其余时间由高校体育管理部门、学生会组织以及学生组建的协会共同管理，由学生自主组织健身锻炼和体育比赛，并将其视为课外体育俱乐部。一、二年级的会员每周必须参加 2 个学时以上的体育课，方能获得相应的必修学分；三、四年级会员可自由选择是否参加，如能按时参加每周的体育课，则可获得相应的选修学分。

5. 体育教学内容

在体育教师师资、体育基础设施以及周边环境条件许可的情况下，学校可以建立多个单项体育俱乐部，从而为学生提供较大的选择空间。教学内容的设置还要考虑课内外相互衔接的问题，使课内外实现高度的一体化。为防止出现部分锻炼价值较高、但较枯燥的体育运动项目（如田径）没有学生选择的情况，学校可以把体育运动项目分成两大类，如必修类和任意选修类等。学生必须选择一项以上必修类的运动项目（如中长跑）进行体育锻炼。同时，教师采用多种方式向学生讲授运动损伤防护、营养、健康生活方式等方面的理论知识，这一点也十分重要。

6. 体育教学方法

体育俱乐部的指导教师要根据学生的现实身体条件，确立科学合理的体育教学方法。初级班和中级班学生技术水平相对较低，应以传授为主，高级班则应以辅导为主。在教学过程中要充分体现与发挥学生的主体作用，倡导师生之间和学生之间的团结互助，努力提高学生参与教学活动的积极性，最大限度地发挥学生的创造性，以利于学生终身体育意识的培养和长期体育锻炼习惯的养成。

7. 体育教学评价

教学评价体系在高校体育教学中的作用十分突出，其对实现体育教学目标具有较为重要的意义。评价学生的体育学习效果，需要从学习效果和学习过程两个方面分别进行，主要的评价方式包括学生自评、学生间互评、教师点评等。体育教师要将学生的进步和潜能纳入教学评价体系之中，还需注重建立完善的"课内外一体化"体育教学评价体系。此外，学校及体育教师要全面落实相关的政策规定，要对学生的体育能力进行全面评价，并将学生的学习过程与最终效果评价紧密衔接起来。唯有这样，才能既考评学生的实际体育技能，又能考评学生身体锻炼的实际效果，并发挥出其对促进学生的全面发展具有的良好作用。

三、高校体育俱乐部"三位一体"教学模式的构建

（一）构建高校体育俱乐部"三位一体"教学模式的必要性

1. 构建体育俱乐部"三位一体"教学模式是体育教学人本关怀的体现

当今世界科学技术迅猛发展，全球知识经济一体化的趋势日趋明显，国力竞争日趋激烈。我们能否在 21 世纪实现中华民族伟大复兴的宏伟目标，关键在于是否能够培养适应现代化需要的高素质劳动者和复合型的专业人才。高校是培养人才的主要场所，其培养的人才素质如何，直接关系到民族复兴大业的成败。构建体育俱乐部"三位一体"教学模式，是针对沿袭已久的应试教育体制而形成的片面重视体育技能的单一教育，消除忽视学生的体质、心理健康、卫生习惯培养的弊端，重新构建体质、心理、卫生三者并举，实现三者有机结合的体育教学新模式。

2. 构建体育俱乐部"三位一体"教学模式，是适应时代发展的必要措施

随着科学技术和全球经济一体化的快速发展，当今社会人们的生活节奏越来越快，生存竞争日渐激烈。高校培养的复合型专业人才走进社会，不是单凭传统意义上的德、智、体全面发展就能够适应。以往那种认为身体结实、生理机能正常、没有缺陷和疾病就是身体健康，就能够完成体育教学任务的观念，已经出现了较大的问题。如今这类"身体健康"的大学生走进社会，投入加速器般飞速旋

转的工作与生活中，如果仅有粗壮结实的四肢和外表，缺乏良好的心理素质、坚强的意志、顽强的拼搏精神和紧迫的竞争意识，他们仍然成不了国家的栋梁之材，难为中华民族复兴作出更大的贡献。这些来自心理、环境和人际竞争等诸多方面的压力，远比身体体力消耗的压力要大得多，这也正是改革现有体育教学模式，构建"三位一体"教学模式的根本出发点。

（二）体育俱乐部"三位一体"教学模式的构建措施

1. 理念先行

理念决定行动，理念塑造品质。就体育教学模式而言，理念主要体现为体育教师对自身的使命、责任和荣誉的认识和理解，是立足于长远的宏观规划和思想指南。在体育教学理念方面，体育教师需要真正尊重学生思想存在和发展的客观规律，从学生的心理、身体特点和发展规律出发，强化健康体育意识，提高体育教学工作的实效性和说服力，增强体育教学工作的有效性。

2. 实践检验

实践是人类自觉、自我的一切行为。内在意识本体与生命本体的矛盾是推动人类自我解放的根本矛盾，其外在化为人类个体及组织、阶级通过生产关系联系的整体对于自然及个体间或者集体关系、阶级关系形成的解放活动。体育教学是一门实践性很强的课程，是广大学生养成良好的体育锻炼习惯和具备相应的体育锻炼能力的重要手段。在体育教学过程中，体育教师需要增加必要的实践环节，如观看体育比赛、参加体育运动赛事和体育课堂运动交流等方法，增强体育教学工作的针对性和效果。

3. 体育课堂教学

体育课堂教学是向学生传授体育运动知识的重要途径，同时也是体育教师向学生传授运动知识和技能的全过程，主要包括体育教师讲解、学生问答、体育教学活动以及体育教学过程中使用的所有体育器材。在具体实施办法上，体育教师把学生编成固定人数的运动团体；按照各类体育运动项目教学大纲规定的内容组织教学和选择适当的教学方法；并根据教学时间的安排，向学生传授体育运动技能的教学组织形式。

在具体教学过程中，教师应努力营造一种"以人为本"的教学氛围，构建以学生为中心的体育课堂环境，创设一种尊重学生观点，鼓励学生提问、概括、假设和陈述的体育课堂教学情境，积极鼓励和评价学生的参与行为。此外，体育教师要努力实现体育教学从观念到行为的转变，改变以往单纯传授体育运动技能的做法，对学生对待体育运动的兴趣、态度和价值观给予足够的关注度，提高体育课堂教学的成效。

总之，体育俱乐部"三位一体"教学模式的基本出发点是促进全体学生全面、协调、持续发展，而终身体育学习的愿望是学生长期坚持体育锻炼习惯的前提和基础。成功的体育教学，应是唤起学生对体育的欲望。只有那些唤起学生运动兴趣、运动激情的体育教学才能激发学生参与体育课堂的积极性。体育教师要放开手脚，以"合作者"的身份参与学生的体育课堂学习。具体而言，体育教师要善于创造各种机会，帮助学生去发现、去探索体育运动的奥秘；用心去营造一种体育学习与运动氛围，充分培植学生长期坚持体育锻炼的意志力，从而让学生以活跃、旺盛和高昂的精神状态去积极参与体育运动。使学生在体育教学活动中培养自主学习、自主发展的能力，让体育教学不再局限于传统的体育教学形式，而是充满现实的、有意义的、富有挑战性的体育教学与学习。体育教学给学生带来的不是体育技能的灌输，而是自主进行体育锻炼的魅力、成功的体验，这也是提高体育教学效果的重要措施。

4. 体育教学"三位一体"教学模式的评价标准

高校体育俱乐部"三位一体"教学模式在构建完成并得到切实落实后，还需要有相应的专用评价体系进行考核，以便能够及时、有效地评估这种全新的体育教学模式是否切实可行、是否满足了高校体育教学的实际需要。针对体育俱乐部"三位一体"的教学模式，其教学评价重点在于评估运用此方法后，学生的体能素质、理论理解、心理状态等方面是否达到了预期的标准及要求。也就是说，体育俱乐部"三位一体"教学模式相对应的教学评价体系，应围绕学生的体育教学和身心培育这两大方面目标进行有效评价，而不应单独以体能测验作为唯一的评估指标。换言之，学校及体育教师在评价学生的体育学习效果时，不仅需要关注学生们的体能水平是否有所提高，而且还要关注他们的体育运动态度和体育运动行为是否有所改进。此外，该评估体系还应满足科学合理、操作高效、准确客观等相关的具体要求，既要关注最终结果又要兼顾学生的学习过程。

四、高校体育俱乐部教学模式的构建

（一）健全体育俱乐部的管理体系，明确发展方向

第一，学校要健全大学生体育俱乐部的管理机构，完善机构设置；第二，学校要明确各部门的岗位职责、制定各项管理制度以及中长期发展规划。新时期高校不同领域与社会相关领域之间的交流与合作日益频繁，但是高校体育与社会体育之间的交流却越来越少，二者在运作过程中基本处于孤立的状态，这种局面不仅不利于二者的发展，而且对我国整个体育事业的发展也有一定的阻碍作用。如今，高校体育社会化已是社会体育和高校体育发展的必然趋势，所以，大学生体育俱乐部作为高校体育中的重要组织，更要充分发挥它的作用，真正将高校体育与社会体育结合在一起，努力做到资源共享，共同促进二者的协调发展。

（二）加强高校体育俱乐部与社会组织的交流

当前，我国高校校际之间的体育交流较少，交流方式仅局限于体育比赛，此种情况十分不利于各高校实现优势体育资源的互补，也不利于交流体育教学经验。因此，学校应加强大学生体育俱乐部与社会体育组织的交流与合作，二者都有各自的资源需求，社会组织走入高校，大学生体育俱乐部进入社会，只有这样才能使两者的体育场地、人力、资金等资源得到合理的配置和高效率的利用。大学生体育俱乐部与社会组织共同参加体育活动，两者既可以相互促进，也可以根据各自的实际需求，由企事业单位与高校共同组建双方都需要的体育俱乐部，实现原有模式的创新，做到与时俱进、共同发展。

（三）体育俱乐部教学模式要努力与现代高校教育的发展趋势相适应

1. 以学生的发展为中心，重视学生的主体地位

如果学校和体育教师在教材和教法上处理不当，将直接导致学生丧失对体育运动的兴趣，也就不能转化为学习体育的积极性和主动性，甚至会出现"体育课上无精打采，课外活动兴高采烈的现象"。因此，从体育课程的设计到评价，各

个环节都应始终将学生主动、全面地发展放在中心地位。在教学活动中，注意发挥教师主导作用的同时，需要着重关注学生学习的主体地位，充分发挥学生学习的积极性和潜能，提高学生的体育学习能力。

2. 积极利用和开发课程资源

我国高校体育课程资源主要包括以下几项：项目内容的拓展、自然资源的开发、师资队伍的培养、场地器材的创新等。其利用和开发是顺利实施学校体育教学的重要组成部分，有利于充分发挥各地课程资源的教育潜力，体现课程的弹性和地方特色。高校要深入挖掘体育课程资源，深化体育课程改革，提高教学质量，形成具有特色的、健康活泼的校园体育文化氛围。

3. 加强体育课程的个性化和多样化

我国高校体育课长期受到标准化、规范化课程体系的影响和制约，过分要求所有学生达到同等标准，从而导致过高的统一要求，以致忽视了学生的个体差异，而现代体育俱乐部教学模式则比较注重体育课程的个性化和多样化，使学生有很大的自主选择权，可根据自身的能力和爱好，灵活地选择所学内容和发展方向，强调尊重学生发展的多样性。

高校体育课必须具有鲜明的时代性与社会性，务必要拓宽体育教育的空间和视野。拓展现代教育信息交流的渠道，打破狭隘的教学课本限制，全方位、多角度地进行体育教育信息交流，促进学生知识与能力的扩展和深化，以学生为中心，最终实现多样化的体育课程教学。

4. 课程与现代化信息技术相结合

从社会发展的必然趋势看，现代教育技术的发展总趋势是信息化，现代高校教育应综合运用多媒体技术与信息技术。学校和体育教师应重视把现代多媒体技术与信息技术引入体育教学领域，赋予体育教学课程以新的内涵和时代特征。体育教师要重视培养学生的学习兴趣、学习能力和创造精神，为此，教师需要充分利用现代教育技术与手段，建立开放式的体育教育网络；要让学生全方位领略最新的科技成果和现代化手段给体育教学带来的形象性、直观性、趣味性和欣赏性，促进高校校园体育文化的发展。

（四）体育俱乐部教学模式要与现代高校体育的发展趋势相适应

1. 现代高校体育要与社会体育相协调

学校应将学校体育与体育教学同社会体育有机衔接起来，融入社会体育的热潮。高校在培养学生的过程中，应努力使学生的在校学习与未来发展同社会需要实现接轨。针对时下全民健身运动蓬勃发展的大好形势，学校应为学生提供机会，保证学生参与社会体育活动。坚持"请进来"和"走出去"的路径，将社会体育各项目优秀分子请进校园。同时，帮助具有一定基础的大学生参与社会体育工作实践活动和竞赛，这样既能激发学生进行体育健身的积极性，又能取得一定的经济效益。

2. 现代高校体育要适应社会发展的需要

现代高校体育不仅要实现跨越式发展，而且要实现协调发展，因为协调发展是体育事业发展壮大的重要条件。没有发展，高校体育就会失去前进的动力。不进行体育教学改革，协调发展就是一句空话。应在改革中实现高校体育内部结构的协调配合，以及体育与外部经济、社会的协调运转。随着我国改革开放进程的逐步加快和社会经济文化的迅速发展，我国民众对于体育的需求和对高校体育的要求也发生了深刻的变化。体育的终身化、休闲化、生活化、娱乐化和产业化，都要求学校体育进行必要的改革。

3. 现代高校体育要符合"健康第一"的教育思想

"健康第一"主要是基于对学校体育本质功能的深刻认识。在意识形态层面上，"健康第一"的思想是马克思主义人权思想在教育领域的鲜明体现，它是人权思想、人道主义精神和未成年人保护原则的具体体现。在具体操作层面上，它也是学校体育对"素质教育"的最重要的应对措施。当学生的学业、社会工作与他们的健康发生冲突时，就需要服从健康；当学校体育内部各种关系发生矛盾时，也要把健康列为第一位。

高校体育教学改革不能将体育与有关健康的知识互相割裂，要以体育为手段、以健康为目标，同时将健康的观念、健康的理论渗透到高校体育教学之中。

（五）充分发挥体育教师的潜能，提高教师的专业水平和能力，完善师资结构

长期以来，我国体育专业人才教育多是以竞技体育项目为主，导致我国高校在职体育教师的专长多集中在田径、足球、篮球、排球、体操、武术等项目上，而对于乒乓球、羽毛球、网球、健美操、体育舞蹈项目的特长教师则比较少，体育师资队伍已不能完全满足高校体育俱乐部发展的现实需要。为此，高校和体育教师需采取以下措施予以解决：第一，大胆引进体育专业人才，在选聘教师时，应优先考虑那些具备紧缺专长的候选教师，充实、改善教师的年龄、知识、专业和职称结构，以适应新时期我国高等教育和体育教学的发展需要。第二，对现有体育教师进行在职培训，具体而言，学校可以通过组织进修学习和培训提高教师业务水平，解决专长教师紧缺的问题。第三，鼓励体育教师攻读硕士或博士研究生学位，并给予一定的物质和经济奖励。

（六）注意体育俱乐部教学内容设置的合理性

体育俱乐部的教学内容首先要与学校的体育课程保持一致性，俱乐部可以根据单项的体育运动来进行设置，比如足球俱乐部、篮球俱乐部等，还可以将俱乐部实现分级，以区分身体素质和运动能力不同的学生。而在设置教学课程内容的时候，需要保证学生也能学习到其他的体育知识。例如，教师可以讲解足球的技能技巧，欣赏经典比赛，对学生进行运动生理学和心理学的教育，努力扩大学生的视野，同时保证学生能够学到更多的体育运动知识。在设置一定的课程之后，还应对学生的成绩进行考核，以达到素质教育的目的。但是，教师应切记，对学生的成绩考核不能片面从分数来进行考评，还应综合学生各方面的表现，如运动积极性、领悟能力、提升的速度等方面来综合考量，既能让学生体会到体育带来的激情与快乐，同时也能在一定程度上监督学生进行持久的锻炼。

（七）构筑"五种关系"发展俱乐部教学

"五种关系"指的是师生之间相互信任、合作的关系，体育教师要认真履行

职责，学生积极配合，实现共同的教学目标；平等民主的关系，师生之间保持一种平衡关系，教师负责"传道、授业、解惑"，学生要主动学习、探索。在体育教学活动体系中，要注意保持师生关系的平等，实现教学相长；师生之间保持相互尊重的关系，相互尊重是维持高校体育教学效率以及和谐师生关系的重点。学生要尊重老师的劳动成果，教师要热爱学生，尊重学生的自尊和人格；健康交往的关系，师生之间良好的关系是促进教学质量提升的重要纽带，也是顺利开展高校体育教学的基础；亲师信道的关系，俱乐部模式要"以人为本"。教师要有良好的专业知识，通过科学的方法教授给学生，同时注重对学生的能力和价值观的培养。亲师信道是形成学生良好品格和优秀体育道德的基石。

（八）学校及体育教师要转变体育教学观念

高校首先要转变教学观念与思想，尽可能地完善体育教学的制度，同时合理购置体育器材，培养学生主动积极参加体育锻炼的观念，要最大限度地为学生进行体育锻炼创造良好的环境。现代高校体育教学更加注重体育自由和体育精神，所以，要想让俱乐部模式在高校中得到广泛的开展，就必须要领会现代体育精神，接受更为先进的体育教学理念，将俱乐部的优势充分发挥出来。学校在引进俱乐部教学模式时，要始终坚持多样性和自主性的原则，发展课堂教学与课外教学之间相互协调的关系。坚持正确的体育教学方针，才能保证高效体育教学的有效性。另外，高校的体育教学部门要对俱乐部进行科学的管理和监督，在实际操作的过程中，要根据学生的具体情况对俱乐部进行合理的规划和调整。同时，还要做好体育教师的奖惩、任免工作，增加同校外体育组织的学术交流活动。总之，高校体育教师要详细了解体育俱乐部的实际情况，对体育俱乐部进行有效管理，避免出现其他问题导致正常体育教学工作无法展开。

思考题

1. 自主教学模式有哪些特点？

2. 合作教学的基本原则有哪些？

3. 简述如何构建高校体育俱乐部"三位一体"教学模式。

第四章　体育教学技能的训练

导　读

　　教学技能是教学技术或方法有目的、熟练完成的教学行为，即教学技术能够完成，并且可观测的教学行为方式。体育教学技能就是为了实现体育教学目标，在体育理论与教学理论的指导下，通过不断练习而逐渐形成的，熟练完成体育教学任务的行为方式。体育教学技能概念内涵强调技能是通过不断练习而形成的，其技能形成的标志就是能够熟练完成教学任务。

学习目标

1. 了解体育教学技能的训练过程。
2. 掌握体育教学技能的训练模式。
3. 明白体育教学技能训练的重要性。

第一节　体育教学技能的分类与训练过程

一、体育课堂教学技能的分类与形成

（一）体育教学技能的分类

　　为了弥补教学技能分类中的不足，顺应体育与健康课程改革对体育教师提出的新要求，完善体育教学技能分类体系，在前期研究成果的基础上持续加强研究体育教学技能分类十分必要。

　　科学合理地体会教学技能分类，有助于体育教师深刻认知教学技能，使科学

训练有效并形成教学技能，从而提高教学质量，为教学技能更科学、更适用的分类提供参考。

1. 体育教学技能的以往分类

我国对体育教学技能的分类研究较少，学者们的现有研究中大多结合了体育教学独有的特点，对体育教学技能进行了分类。

有的学者依据体育课程教学的特殊性将教学技能分为以下几种：组织教学技能、动作演示技能、语言运用技能、活动创编技能、纠正错误技能和测量评价技能。有的根据体育课程教学行为方式和教学特点将体育教学技能分为导入技能、讲解技能、动作示范技能、教学组织技能、人体语言技能、诊断纠正错误技能、结束技能和教学设计技能。有的着重介绍了从事体育教学工作所需要的实践技能——体育教学实践技能，从宏观上将体育教学实践技能分为体育教学计划编制技能、体育课堂教学实施技能、说课与模拟上课技能、体育教学反思技能。

2. 体育教学技能的重新分类

体育教学技能的重新分类遵守分类原则，在现有分类基础上，取长补短，借鉴国外教学分类注重师生互动、可观察性和可测性等特点，突出一般学科教学和体育学科特点，保证分类的科学性，避免交叉、增强实践指导作用。依据体育课教学活动即教师指导、学生练习、教学组织、观察休息、保护与帮助五大部分将体育教学技能进行重新分类，分别为：教学内容编制技能、学习指导技能、活动组织技能、帮助保护技能和负荷调控技能。体育教学这5种教学技能之间分别独立，所以据此分类的体育教学技能也不存在交叉混乱的情况。根据体育教学活动将体育课堂教学技能分类，提高了教学技能分类对体育教学活动的指导意义，凸显了体会教学技能分类的实践价值。将教师指导和学生练习分开描述，充分体现了新课改中以"教师为主导""学生为主体"原则，避免了分类中的交叉，以教师指导确定了学习指导技能，以学生练习确定了练习内容编制技能。体育课强调互动性和安全性，保护与帮助技能非常重要，不可或缺。体育教学的特点就是使学生身体承受一定的运动负荷，这既是增强技能提高技能的必要因素，也是能给学生带来伤害的潜在因素，运动负荷调控技能的熟练运用，将有效提高教学效果，也能有效预防运动负荷导致的过大伤害。

根据体育教学五项活动将教学技能分成五个教学技能类，各类还包括许多子类。内容编制技能包括内容选择、内容改编、内容安排等技能；活动组织技能包括课堂常规贯彻、活动分组实施、队列队形调动、场地器材使用等技能；学习指导技能包括内容讲解、问题导引、活动提示、身体示范、媒介展示和效果评价等技能；帮助保护技能包括安全措施落实、技巧摆脱危险、助力完成动作、外部（信号、标志物、限制物等）手段运用等技能；负荷调控技能包括心率水平预计、练习疲劳判定、练习密度调整、练习强度调控等技能。

（二）体育教学技能的形成

1. 体育教学技能形成的感知过程

（1）感知的特点与作用

感觉是人脑对直接作用于感官客观刺激物的个别属性的反映，知觉是人脑对直接作用于感官客观刺激物的整体反映，二者统称为感知。知觉的产生必须以各种形式的感觉存在为前提，通常二者是融为一体的，合称为感知觉。个体的一切心理和行为都源于感知活动。

感觉具有随环境和条件变化而变化的特点，在感觉的基础上，知觉表现出了整体性、选择性、理解性、恒常性的特征。整体性是主体在过去经验的基础上把由多种属性构成的客观刺激物知觉作为一个统一整体的特性。在这个过程中，主体利用过去经验、知识解释知觉对象的特性即为理解性。知觉是在一定的客观条件下进行的，主体会根据当前的需要选择刺激物的一部分作为知觉对象，这反映了知觉的选择性。而当客观条件在一定范围内改变时，主体的知觉映像在一定程度上仍保持着稳定，这就叫作知觉的恒常性。

感觉和知觉作为两种不同层次的心理过程，属于感性认识阶段，个体的一切心理和行为都源于感知活动。感知技能是知识和技能学习的起点，任何技能学习均缘起于主体的感知活动。主体使用多种感官去感知同一个知觉对象，将不同感官获得的信息传递到大脑，从而获得对事物的全面认识，这对于技能的学习起着至关重要的作用。如果将知识或技能的学习比作一扇门，那么感知技能就是打开这扇门的第一把钥匙。

（2）体育教学技能形成的感知阶段

①选择适应阶段。选择适应阶段是体育教学技能形成的开始阶段，练习者在这个阶段首先会对体育教学技能产生笼统的、不精确的综合印象。在教师讲解下或者通过一些体育教学技能训练的形式或途径，如体育教学观摩等，练习者会将各部分技能知觉整合成一个整体，即体育教学技能。经过此阶段，练习者对体育教学技能建立整体的感知认识，要深化这种认识还需要进一步的理解和加工。

②理解加工阶段。理解加工阶段是指根据知觉的形成过程，在个人对知觉对象理解的前提下，迅速对获取的信息进行理解加工的阶段。在这一阶段，教师通过言语的指导和提示唤起学习者过去的经验，补充知觉的内容。学习者根据以往经验、知识，进一步对体育教学技能的各个组成部分，进行比较精确的分析，如教师对于教案设计的讲解，可以加深学习者对课的类型、教学目标、教学方法等内容的理解。在此基础上，理解体育教学技能各个组成部分之间的关系和联系，如教学内容编制技能与其他各技能之间的关系，从而构成新的综合，使教师对于体育教学技能的感知更清晰、更精确。

③巩固恒常阶段。通过前两个阶段，练习者已对体育教学技能形成了一定感知映像，但是这种映像是不稳定的。在巩固恒常阶段，学习者将变化的客观刺激物与经验中保持的表象结合起来，巩固前阶段对体育教学技能的感知，建立起对于体育教学技能恒常性观念。

（3）体育教学技能感知训练过程

①感受性变化。感受性是指感觉器官对适宜刺激的感觉能力。主体的各种分析器的感受性会随外界条件和自身机体状态不同而发生相应的变化，具体表现为适应、对比和相互作用。体育教学技能形成的过程是提高知觉分化水平的过程，在这个过程中需要多种感知觉的共同作用，需要充分调动主体的视知觉、触知觉、深度知觉、肌肉知觉、节奏知觉和空间知觉等来促进其体育教学技能的形成，可以通过微格教学等多种技能训练形式，来提高学习者的感受性变化。

②整体理解性。整体理解性是指知觉的对象有不同的属性，由不同的部分组成，我们把它作为一个有组织的整体，并用自己过去的经验予以解释和标志。体育教学技能由教学内容编制技能、活动组织技能等多种维度的技能组成，学习者通过感知将这些技能知觉作为一个整体，即体育教学技能。这种整体理解的特性

一旦形成，即使一定范围内发生变化，知觉形象并不因此发生相应的变化，这有助于学习者通过纷繁复杂的现象把握体育教学技能的本质和规律。

2. 体育教学技能形成的操作过程

（1）操作的特点及作用

从教育心理学角度讲，操作是指学习者能迅速、精确、流畅和娴熟地执行操作、很少或不需要有意识地注意的一种学习过程。

知识与技能必须经过操作才能最终掌握，在这个过程中，操作便呈现了以下作用。首先，操作是主体变革现有知识和技能不可缺少的心理活动因素，操作过程是主体对现有经验总结过程，是在长期学习过程中积累起来的，借助这个过程主体才能更好地提升经验，革新现有知识。其次，操作是技能形成和发展的重要构成要素。操作过程是使主体顺利完成某种实践任务的行动方式，因此，主体对于某一技能的掌握必须经历操作过程。

（2）体育教学技能的操作阶段

①定向阶段。操作定向也叫"行动定向"，是指在了解操作活动结构的基础上，在头脑中建立起操作活动的定向映像过程。体育教学技能的操作定向是指在了解体育教学技能构成及各部分作用的基础上，在头脑中建立起的各维度教学技能结构及教学动作的映像过程。操作必须在主体的、实际的操作活动中才能进行，所以操作的主体必须在操作前了解操作的结构，在头脑中建立起操作活动的映像，然后才能知道在进行实际操作时做什么和怎么做，必须事先进行定向。此阶段的作用在于帮助练习者建立初步的自我调节机制，只有练习者在对"做什么"和"怎么做"有明确的了解之后才能进行相应的活动，才能更快更好地掌握有关的活动方式，促进体育教学技能的形成。

②模仿阶段。操作的模仿也叫"行动的模仿"，是指仿效特定的动作方式或行为方式，是获得间接操作经验不可缺少的一种学习方式。根据现代心理学的研究，模仿可以有多种形式，既可以是有意的或无意的，也可以是再造性和创造性的。就体育教学技能而言，模仿的实质是将头脑中形成的定向映像以外显的实际动作表现出来，是在定向的基础上进行的，是技能掌握的开端。通过模仿，练习者把对技能的映像转变为实际行动，将头脑中各种认识与实际操作联系起来。具体表现在以下两个方面：一是通过模仿检验已形成的技能映像，使之更加完善和

充实，有助于技能映像在技能形成过程中发挥更加有效、稳定的作用；二是可以加强个体的技能感受，从而更加清晰地了解技能结构，加强技能实施的控制。

③联合阶段。操作联合阶段是指把模仿阶段反复练习固定下来的各维度技能相互结合，使之定型化、一体化。练习者在模仿阶段只是初步再现定向阶段所提供的行为方式，但对于复杂的体育教学技能而言，要准确地掌握并在一堂课中较好地运用各部分技能，还应掌握各维度技能的相互衔接，这在模仿阶段是难以实现的。通过联合，各部分技能之间相互协调，技能结构逐步趋于合理稳定，初步概括化得以实现。此外，在联合阶段，个体对技能的有效控制也逐步增强，保证了其联系性和有效性。因此，联合阶段是体育教学技能形成过程中的关键环节，它是从模仿到自动化的一个过渡阶段，也为自动化活动方式的形成打下良好的基础。

④自动化阶段。就某一技术动作的掌握而言，操作自动化是指通过练习所形成的动作方式，对各种环境变化的条件具有高度的适应性，从而使动作的执行达到高度的完善化和自动化。其内在机制是在大脑皮质中建立了动力定型，即大脑皮质概括的、巩固的暂时神经联系。就体育教学技能的掌握而言，主要是指在体育教学中教学技能的执行过程不需要意识的高度控制，执行者可以针对不同的教学内容、不同的学生以及不同的教学环境等，灵活、熟练地运用教学技能，完成教学任务。这是体育教学技能形成的高级阶段，是由于操作活动方式的概括化、系统化而实现的。

（3）体育教学技能操作训练过程

①操作定向。操作定向是体育教学技能掌握过程中的一个必要环节，它的作用在于初步建立起操作的自我调节机制，进而不断调整学习者已经建立的技能表象。练习任何技能都必须以表象为基础，而熟练的操作技能都包含着非常清晰、准确的动作表象。因此，在训练过程中实施者要利用精准的示范和语言讲解，帮助练习者建立起这种自我调节机制。准确的示范与讲解可以使练习者不断地调整头脑中的表象，形成准确的定向映像，进而在实际操作活动中调节技能的执行。

②操作模仿。大量实验都证明，模仿练习是形成各种操作技能不可缺少的关键环节，只有通过应用不同模式的模仿练习，才能使学习者原有的技能映像得以检验、校正、巩固，并为发展成为熟练的技能铺平道路。体育教学技能由多种维

度的技能组成，较为复杂，在模仿阶段，要注意整体练习与分解练习相结合，如先加强学习者对活动组织、学习指导等技能练习，再通过模拟上课等方式将各部分技能联合在一起进行练习。此外，模仿练习应与实际练习相结合，并加强反馈。模仿练习是练习者增强自我体会、自我调整的一个过程，在实际练习中做出相应的调整，从而获得提高。在这个过程中要注意信息的反馈，充分而有效的反馈在操作技能学习过程中的作用是非常关键的。

③操作整合。操作整合即把构成整体的各要素联结成整体。操作的整合是体育教学操作技能形成的其中一个阶段，为掌握复杂的操作系列所必需。因为体育教学技能的操作不仅要求确切地把握每一个维度，同时也要掌握各操作技能间的动态联系。在操作整合阶段，条件不变时，练习者对于技能的把握较稳定，但当条件变动，会发生对自己的错误不能意识、感觉的现象，很难对动作进行有意识的调节或控制，难以维持技能的稳定性、精确性。因此，此阶段的训练主要是进行专门的训练，提高练习者技能的清晰性和稳定性。

④操作熟练。操作熟练是体育教学技能掌握的高级阶段，是指通过练习形成的活动方式，以增强技能对各种变化着的条件有高度的适应性。教学技能的熟练是在反复练习的基础上实现的，但这种反复练习并不是机械地重复，在练习过程中要不断根据练习效果提高练习的目标与要求。通过参与体育教学技能大赛、示范评比课、集体备课等体育教学技能训练形式或途径，可以有效增强练习者对于体育教学技能的操作熟练程度。例如，能控制课堂秩序是组织技能的训练活动最基本的要求，在达到这一要求后还要力求学习气氛轻松活跃，做到活而不乱。另外，虽然练习的强度和密度都对技能的熟练起到促进作用，但要注意合理地分配练习时间，要根据各维度技能的难易程度以及练习者的掌握情况进行时间分配。

二、体育课堂教学技能训练的过程与原则

（一）体育教学技能训练的过程

体育教学技能训练的过程是指为完成体育教学技能训练的目标所进行的启动、发展、变化和结束，并在时间上连续展开的程序结构。体育教学技能训练的过程由动机激发、目标设计、训练形式途径和方法构成，明晰训练过程有助于练

习者理解技能训练的基本原理，认定训练目标，履行训练计划，了解训练形式途径和方法。

1. 体育教学技能训练动机的激发

体育教学技能训练动机是指推动个体参与体育教学技能训练的内部心理动因。体育教学技能训练动机具有始动、选择、强化和维持的作用，对体育教学技能训练的效果产生重要影响。

（1）体育教学技能训练动机的重要性

①对训练行为具有始动作用。动机是行为的原始动力，对行为起着始动作用。动机理论认为，动机的始动作用是由诱因引起的。诱使体育教学技能训练的外部因素很多，如新课改对教学实践的要求、教学竞赛展演的竞争、职称评定的压力等，均可促进体育教学技能训练动机的初始动能。

②影响训练行为的选择。在体育教学技能训练动机的作用下，训练行为是指向与体育教学相关的内容编制、学习指导、活动组织、保护帮助、运动负荷调控等技能的学习过程，影响着训练行为的选择，决定着个体从事体育教学技能训练的努力程度。

③强化训练意识，促进教学能力的可持续发展。体育教学技能是体育教学从业人员的核心素养之一，通过技能训练，体育教学技能训练的动机得到激发，能力得到提高，强化了技能训练与自我更新的主动意识，促进了体育教学能力的可持续发展。

（2）体育教学技能训练激发动机的方法

教育心理学研究表明，激发动机需要从影响动机的两个要素即内部诱因和外部诱因入手。因此，体育教学技能训练动机的激发，是根据体育教学技能的学习目标，通过设置特定的教学情境，满足体育教师体育教学技能的需求的过程。具体来讲，要从以下几个方面激发体育教学技能训练的动机：第一，设置合理的具体的体育教学技能学习目标；第二，增强体育教学技能的主观感知，提高教学胜任能力；第三，开展各种形式的教学技能展演竞赛活动，增强教学活动愉悦体验；第四，及时反馈，开展建设性评价，获得满足感和成就感。

2. 体育教学技能训练的形式和途径

体育教学技能训练不仅是技术行为能力提升的过程，更是心智技能和情感体验的历程，通过了解各项体育教学技能的基本要素，分析其运用时常见的错误与问题，从而选择行之有效的训练形式和途径，使体育教学技能的提高事半功倍。体育教学技能训练的形式和途径很多，在教学实践中较常见的以个人训练自我活动为主的形式有：微格教学、教学观摩、教案设计、模拟上课和说课。以集体配合完成的训练途径有：微课教学、体育教学技能大赛、示范课评比、集体备课和跟岗培训。

3. 体育教学技能训练的方法

（1）感知技能训练方法

人体通过感知建立与外在世界的联系，并形成直接经验。人在间接经验知识学习过程中，也常需要借助身体的感知，使知识转化成能够被感知的事物或代码，以帮助理解和吸收。所以感知是认识的基础，它为获得直接的体验以及建立抽象概念提供了实质性的内容。随着感知的经验越来越丰富，感觉越来越敏锐，认知活动也就越广泛和深入。因此，体育教学技能的形成和建立首先从体育教学技能的感知觉开始。体育教学技能的感知觉训练是指通过观察、聆听、体验等方法，获得体育教学技能的主观感知，是体育教学技能形成的基础。

（2）心智技能训练方法

现代教育理念对体育教学的要求越来越高，其中心智技能的地位越来越重要，不仅要熟练掌握体育教学的操作技能，还必须从事教学内容编制、负荷调控等以脑力劳动为主的工作，并具备一定分析问题和解决问题的能力。因此，心智技能训练主要包括分析能力训练和解决能力训练。

①评课法。评课法能提高分析问题的能力，它既可以通过课后自评的形式，对体育教学内容编制是否合理、活动组织是否有效、保护与帮助的方法是否正确、负荷调控是否科学等进行反思，也可以听取专家和同行的意见，或对公开课或网络视频课进行分析和评价，通过多种路径提高教师分析问题的能力。

②设疑法。设疑法是指设置特定的教学情境和问题，让练习者拟定解决问题的方案。例如，对于体重较大和身体素质较差的学生如何设置运动负荷，不同水平的学生如何进行活动组织更加有效等。

③纠错法。纠错法是指找出体育教学过程中不合理的地方，并提出解决问题的方案。例如，队列队形的设计与调动是否过于烦琐，负荷安排过大或过小如何

进行调整等。

（3）操作技能训练方法

操作技能训练是体育教学技能训练中最重要的一个环节，根据操作技能形成的过程和规律，操作技能训练的方法包括表象训练、模拟训练和整合训练三种方法。

①表象训练。表象训练是指将与特定教学任务有关的体育教学知识或技能，在头脑中重现的训练方法。通过表象训练，能够有效建立与教学任务有关的认知结构，从而确立教学活动初步的调节机制，表象训练的基础是通过对体育教学活动的观察、体验及反思来完成的，是体育教学技能形成定向阶段最有效的训练方法。

②模拟训练。在表象训练的基础上，本着从实战出发的训练原则，设置具体的教学情境，分别对体育教学内容编制、活动组织、学习指导、保护帮助及负荷调控进行针对性的模拟练习，增强练习者的实践能力。

③整合训练。整合训练是指将各项体育教学技能综合起来应用到教学实践中的训练方法。设计完整的体育课或教学单元，将不同的体育教学技能应用到实践教学中，形成前后连贯、相互协调、合乎教学法则，优质高效的教学技艺。

（二）体育教学技能训练的基本原则

体育教学技能训练的基本原则是广大体育教师在长期教学实践中积累的经验概括和总结，对体育教学技能训练具有普遍的指导意义。

1. 理论研究与教学实践相结合原则

理论研究与教学实践相结合原则是指在体育教学技能训练理论的指导下，紧密结合体育教学实践，有效地进行体育教学技能训练。

体育教学过程是复杂的，课堂的教学行为也千变万化。体育教学技能训练必须要理论先行，了解并掌握体育教学技能形成的规律。形成正确的认知，在科学理论指导的前提下，才能顺利地开展。否则，技能训练的效率将难以保证，甚至走弯路。理论研究要与教学实践相结合，在教学实践中，通过教学设计、课堂教学等具体教学环节发现教学中教学技能存在的问题。因此，二者结合才能有针对性地改进强化，从而提高训练效果。

2. 单项技能训练与综合训练相结合原则

单项技能训练与综合训练相结合原则是指注重提高单项体育教学技能的同时，还要将单项技能不断融入综合训练之中，使各单项技能有机整合，实现整体优化。

一般来讲，单项技能训练是指针对一项或以一项为主的体育教学技能的训练。综合训练是指同时涉及多项体育教学技能的训练。在综合训练中，训练环境、程序、内容、目标和手段等相对于中项技能训练会更复杂，更接近体育教学的实际，难度更大，更具挑战性。单项技能训练与综合训练相结合有利于提高体育教学技能水平。

3. 个人训练与团队训练相结合原则

个人训练与团队训练相结合原则是指根据体育教学技能训练的实际需要，合理采用个人训练或团队训练的形式，整合个人训练的自主灵活及团队训练的责任、竞争意识强等特点，有效提高体育教学技能训练水平。

个人训练主要以个人自主学习、自主训练为主，强调自为、自律、独立训练。团队训练是指以团队的形式进行体育教学技能训练，强调团队整体的训练及团队整体的进步。个人训练与团队训练相结合，有利于促进个人及团队整体体育教学技能水平的提高。

4. 传统手段与现代手段相结合原则

传统手段与现代手段相结合原则是指根据体育教学技能训练的实际需要，合理采用训练手段，既要积极利用体育教学技能的现代训练手段，也要恰当采用传统训练手段，传统手段与现代手段互相补充，有效提高体育教学技能水平。

传统体育教学技能训练手段主要是指师徒传授、教学观摩等，现代体育教学技能训练手段是指微格教学、多媒体技能培训系统等。传统手段与现代手段都有各自的优势和不足，传统手段与现代手段相结合，能够实现优势互补，会极大增强体育教学技能训练实效。

以上对体育教学技能训练的4个原则进行了分析。实际上，4个原则是相互联系、相互影响的，在运用过程中，既不能夸大某一原则，也不应低估其他原则，只有综合考虑并结合实际，灵活而有创造性地运用，才能发挥原则的指导作用。

第二节 体育教学技能的训练模式

体育教学技能训练的模式是依据认知科学理论建构，将技能的形成提升到认识论和方法论的高度，以行为主义、认知主义、建构主义、人本主义学习理论为基础，对体育教学技能训练模式的含义、结构和要求进行了深入解析。体育教学技能训练模式起着承上启下的作用，既要将技能训练的基本原理贯彻到具体模式中，又要为训练实践活动提供理论指导、操作程序和策略分析。没有一种模式是普遍有效的、最优的，熟练掌握体育教学技能，需要应用不同的训练模式，也就是要根据自身具备的能力条件和技能本身的实际特点，选择运用不同的或多种体育教学技能训练模式，考虑训练策略，设计实施方案，掌握相应的体育教学技能。

一、程序训练模式

体育教学技能的程序训练模式以行为主义学习理论为基础，主要目的是促进体育教学技能形成的快速高效、准确规范。

（一）程序训练模式的含义与特征

1. 程序训练模式的含义

程序训练模式是指以按照程序排列的体育教学技能内容作为外部刺激因子，运用相应方法不断练习，进而掌握并达到技能自动化水平的训练过程范式。行为主义学习理论把人类学习归结为与外部环境相互作用的反应系统，即"刺激—反应"（S—R 联结）系统，通过控制外部刺激就能控制和预测行为，进而控制和预测学习效果。

2. 程序训练模式的特征

根据体育教学技能的程序训练模式概念分析，程序训练模式具有以下特征。

（1）程序性

把体育教学技能分解成许多小的项目，按照一定的顺序排列起来，对每一项目都必须熟练掌握、操作和运用，经过审核通过，再进入下一步的学习。

（2）对应性

反复、明确的体育教学技能刺激，有助于技能习得，有益于自动化操作规范的学习与形成。体育教学技能与技能习得之间，是直接的、纯粹的、一一对应的直线型关系。

（3）渐进性

程序训练模式的训练计划编排体现了学习活动循序渐进的特点，每一个练习项目都是下一个的前提和基础，只有对前一个小项目完全理解和掌握了，才能进行下一个小项目的练习。

（4）稳定性

程序训练模式中的操作步骤与节奏安排等都是固定的，必须严格执行，不可随意变更。

（二）程序训练模式的结构

1．结构要素

在早期的学习研究者看来，人类的行为都是通过条件反射建立新的刺激反应联结而形成的，学习的实质是条件反射形成和巩固的过程。因此，程序训练模式的结构要素包括训练目标、措施手段、训练步骤和评价标准。

2．过程

（1）设定训练目标

明确且合理的训练目标对于程序训练模式来说是极为重要的，体育教学技能操作自动化是显著的训练目标。体育教学技能必须纯熟、流畅，才能在体育教学过程中运用自如，提升教学效率和效果。

（2）确定训练的措施手段

程序训练模式多适用于体育教学技能训练的初级阶段，以及单项的、基础的技能训练，如口令提示、队列队形变换、讲解示范、保护帮助动作等，可以采用分解、重复、循环等练习手段进行训练；对于综合技能也可以采用观摩、评价、模拟、比赛和理论讲解指导等方式，通过教学观摩、跟岗培训、微格训练、体育教学技能大赛等途径，反复训练直至技能达到自动化。

（3）制定训练步骤

训练步骤包括训练内容、时间序列和连接形式。将体育教学技能分解成若干个小项目，并按照一定顺序呈现，通过既定次序，完成一整套的训练任务。由初始到技能形成之间可划分为多个小项目（以4个为例），训练顺序可以是直线式（基础项目—递进项目1—递进项目2—高级项目），可以是分支式（基础项目—递进项目1—小项目1.1—小项目1.2—递进项目2—小项目2.1—小项目2.2—小项目2.3—高级项目），也可以是跳跃式（基础项目—递进项目2—高级项目）。例如，通过"跟岗培训一周"提高体育教学技能，步骤可以是直线式的，"看课—评课—撰写培训日志—模拟上课—示范课—专家评比"，其中模拟上课是难点，可通过"模拟课前准备、模拟学习指导、模拟教学组织"等分支式小项目形式达成。

3. 程序训练模式要求

（1）合理编排，循序渐进

将体育教学技能按照操作的难易程度分级，由低到高、由简单到复杂，进行小步子的逻辑序列编排，使每一个正在学习和掌握的项目成为后一练习项目的基础或相关部分，关注不同训练项目之间的衔接，按部就班地严格遵照程序训练模式的步骤顺序进行训练。

（2）区别对待，自定进度

训练安排必须严格履行程序设计要求，不能随意变更练习的顺序，但应注重个体差异，根据自身的掌握情况调整练习进度，使训练速度与能力保持一致。依据个体对技能形成的难易感受，可自行调控训练步调，采取分支式、直线式或跳跃式的训练步骤。

（3）反复练习，巩固强化

把体育教学技能分解成片段知识、单个技术或单元项目，遵循预定程序组织训练活动，反复训练，加深记忆，达到熟练操作水平。反复练习不是简单的重复，而在反馈基础上，调整练习重点，攻关难点，直至熟练掌握。训练安排有既定的步骤和计划，可无限次反复练习，也只有通过检验和修正多次反复练习才能达到技能自动化的效果。

（4）适时反馈，自修为主

程序训练模式重视环境刺激对个体行为的影响，容易忽视内部心理过程，循规蹈矩地按套路训练，积极性和主动性有时难以发挥。因此，对训练的效果要适时验证和反馈，认识到自身的不足，自觉提高或降低训练强度，培养主动获取知识的方法、思维能力和创新精神，以及自学、自修的能力和习惯。

4. 研定评价标准

确定检查与考核的内容及形式，程序训练模式的评价以阶段性评价为主，每完成一个小项目的训练，都要对其进行诊断和总结。例如，是否能够熟练地调动队伍、调整队形；讲解示范是否流利自如；是否能流畅地完成课堂教学；在体育教学技能大赛中取得的名次等。

5. 反馈调节

反馈调节阶段需要及时、适时和有重点地呈现反馈信息，使体育教学技能的程序训练模式形成畅通的回路，对训练的目标、内容、计划和方式进行反思，科学调控训练的程序安排和练习次数。如果在训练过程中，发现对某个小项目的习得出现困难，可返回至前一个步骤加强练习之后，再重新进行此项目的训练。

二、探究训练模式

体育教学技能的探究训练模式以认知主义学习理论为基础，认为学习在于个体内部认知的变化，是一个比刺激—反应联结要复杂得多的过程。在既定目标的指引下，模仿、迁移，甚至创造性地应用体育教学技能，解决实际训练中的问题，培养练习者发现、分析与解决问题的能力。

（一）探究训练模式的含义与特征

1. 探究训练模式的含义

探究训练模式是以体育教学技能中的某项技能为目标，在技能训练的特点、实施要求等原理指导下，主动发现问题、寻找答案，进行探索和研究性活动的训练过程范式。认知主义学习理论认为，学习就是面对当前的问题情境，在内心经过积极的组织，从而形成和发展认知结构的过程，强调刺激、反应之间的联系是以意识为中介的，强调认知过程的重要性。

探究训练模式是通过有意识地练习形成"路径导航"的综合表象，"路径导航"包括训练的内容、方法、时间、环境等要素及它们之间的关系，是指在明确训练目标的前提下，将体育教学技能训练中的要素布局在特定的环境中，经过个体内心的项目识别和组织协调，"导航"训练直至目标技能达成的过程。探究训练模式必须对所要进行训练的目的、意义明确，对所需掌握的技能有清楚的认识，并能遵循一定的顺序和规律操作，直至完成目标技能的训练任务。漫无目的的探究活动，既浪费时间又无助于技能的形成。

2. 探究训练模式的特征

（1）探索性

探究训练不是简单的、机械的形成运动反应，而是在有明确目标指引下，以发现问题、分析问题、解决问题为逻辑主线，强调个体内在心理过程，激发学习者的主观能动性，按照既定路线自觉训练，清楚练习目标、步骤、环节和方法，在探寻的过程中提升心智技能和操作技能。

（2）主体性

重视在技能训练中个体的主体地位，强调认知、意义理解、独立思考等意识活动和心理动机，以及训练的亲历性、灵活性、主动性和发现性，使其在主动观察、判断、分析、归纳等基础上解决问题。

（3）基础性

重视个体训练中的准备状态，即训练效果不仅取决于外部刺激和个体的主观努力，还取决于一个人已有的知识水平、认知结构和非认知因素等，基础准备是任何有意义的探究训练赖以产生的前提。

（4）体验性

体验性是要求进行目标模式训练时亲身观察、探索和体验，提倡理解原理、独立思考、发现知识的过程。体育教学技能训练不仅可以习得体育教学基础知识和技能，更是获得生活与学习体验的过程。

（二）探究训练模式的结构

1. 结构要素

学习在于内部认知的变化，是学习者有意识、主动参与的过程，学习是一个比 S—R[①] 联结要复杂得多的过程，注重解释学习行为的中间过程，即 S—R，认为主体意识是学习过程的中间变动。因此，体育教学技能训练认知模式的结构要素包括训练目标、训练路径、主观意识、训练方法和评价标准。

2. 过程

（1）拟定训练目标

训练目标要从训练开始阶段就清楚地锁定，才能目标明确地进行探究活动，高效完成训练任务。

（2）描绘训练路径

通过任务分析法，将目标技能分解为若干要素或"标志点"，即系列问题，再将这些要素或"标志点"整合设计成系统的训练路径。与程序训练模式不同，探究训练模式训练路径的制定没有严格的难易程度和顺序要求，路径上的标志性指示必须清晰准确、互相连接、层层推进，以便参照指引发现问题，顺利完成训练任务。

（3）主观意识参与

主观意识参与训练的过程其实就是"导航"的过程，也就是发现问题、分析问题、解决问题的过程。依据训练路径的指引，通过有意识地感知、认知、识记、分析、比较、期望、想象和思维等心理过程，完成"路径导航"，训练练习者的心智技能，培养决策能力。

（4）确定训练方法

探究训练模式多适用于体育教学技能训练的中级阶段，既可以采用探究式学习法、自主学习法、小群体学习法、讨论法等方法，也可以采用专家同行交流、成果汇报、案例解析、师徒结对等方法，通过微格训练、模拟上课、跟岗实习等

---

① 　S—R 联结是心理学概念，即刺激（S）和反应（R）之间的联法。

途径，以积极主动、自觉训练为前提，对某一方面的体育教学技能形成全面、系统的认知。

（5）研定评价标准

探究训练模式不仅重视个体对知识的理解和掌握情况，而且特别强调个体在训练中的行为表现，因此，该模式的评价应以形成性评价、相对性评价、定性评价等为主，以训练过程的努力和独立思考的程度为主要指标。由于心智提高程度和情感体验等心理学指标难以测定，因此，只能以学习者的读书笔记、教学心得和反思材料等，作为解读其心理和训练过程的重要依据。

（6）反馈调节

目标训练模式的反馈，是通过评价目标达成度和认识、理解、判断、执行等能力，对训练的难易程度、环节安排和训练时效性等进行反思，科学调控训练的目标设定、环节连接和推进过程等。

（三）探究训练模式的要求

1. 积极内化，激发动机

探究训练模式是一种积极主动的过程，因而内在的动机与训练活动本身会促进个体的内在强化作用，可有效提升心智技能。然而，此模式对非智力因素重视不够，情感、意志、兴趣、性格和需要等均会影响训练目标的达成，只有重视激发和调节训练动机，强化内部心理过程，使智力因素与非智力因素紧密结合，才能使训练达到预期效果。

2. 充分准备，独立思考

重视个体训练中的准备状态，进行体育教学技能训练之前，必须清楚自己的状态和所具备的基础，包括技能基础和认知水平，训练效果不仅取决于外部刺激和个体的主观努力，还取决于一个人已有的知识水平、认知结构、非认知因素等，基础准备是任何有意义的训练赖以产生的前提。在以往的认知经验的基础上，独立思考，发现学习材料本身的内在逻辑结构，从而掌握体育教学技能。

3. 问题明确，任务具体

在体育教学技能训练开始前，就要明确提出要探究的目标问题即核心技能，明确训练的目的，因为探究训练活动是为最终达成技能、形成目标服务的。而围绕目标问题设计的相关任务，必须具体、指向清楚，有助于练习者循规而至。

4. 不断尝试，顿悟渐悟

探究训练模式注重个体技能形成的体验过程，主要是亲历发现问题、研究问题、解决问题的学习过程，在不断尝试探索和寻找答案中，提高判断和决策能力，通过技能训练过程，感悟探究的心理过程，有利于在未来的体育教学实践中合理运用探究教学法。

三、情境训练模式

体育教学技能的情境训练模式以建构主义理论为基础，练习者通过情境训练模式提高体育教学技能，更能体验知识的习得与转化过程，以亲身体会阐释练习过程，有利于对具体教学情境和自身教学行为的反思，提高及时、有效应对不断生成和变化着的、复杂多样的教学形势的能力，学习并获得处理各种教学问题的经验。

（一）情境训练模式的含义与特征

1. 情境训练模式的含义

情境训练模式是在创设训练情境的前提下，通过角色扮演的方式，经过主体的选择、加工和诠释，将技能知识转化为教学实践的训练过程范式。认识并非主体对于客观现实简单的、被动的反应（镜面式反应），而是一个主动的建构过程，在建构的过程中主体已有的认知结构发挥了特别重要的作用，而主体的认知结构亦处在不断发展之中。获得知识的多少，取决于个体根据自身经验去建构有关知识的意义的能力，而不取决于记忆和背诵的能力。由于每个练习者所具备的经验不同，每个人对体育教学技能的理解方向和建构方式也不尽相同，情境训练模式帮助练习者发展自主训练的意识和能力，有利于其不断地自我更新和自主成长。

2. 情境训练模式特征

（1）直观性

在情境训练模式中，充实、检验、完善、反思和提炼体育教学技能，以建构和提升实践能力的过程，是在适当的情境和气氛中进行的，因此，练习者通过角色扮演，能够充分融入训练当中，直观感受训练经过。情境训练模式是个体对训练情境的改造和感受的过程，通过亲历和感知训练情境，使主体建立对目标技能整体的认识，并在已有知识的基础上，提升体育教学技能的水平。

（2）自主性

个体必然有着不同的知识背景和经验基础（或不同的认知结构），因此，即使就同一个目标技能而言，相对应的训练活动也不可能完全一致，必然存在个体的特殊性。体育教学技能的情境训练模式是一种高度自主的活动，不同的人有不同的体验和组构，练习者能够设计适合自身发展的方案，并能进行计划、选择、修正，在训练中的自主性参与是其提升思维水平和实践能力的根本性动力。

（3）社会性

情境训练模式是在一定的情境下，借助其他人的帮助即通过人际间的协作活动而实现的意义建构过程，所以，社会环境、社会共同体对于主体的认识活动有重要作用，学习者的训练活动是在一定的社会环境中得以实现的。

（4）建构性

如果说程序训练模式落脚点在结果，那么情境训练模式的侧重点就是意义和过程，主张在训练过程中学习"如何训练"。情境训练模式是个体运用自己的经验去积极地建构对自己富有意义的理解，而不是去理解那些用已经组织好的形式传递给他们的体育教学技能内容，也就是说，提高某项体育教学技能并不是最终目的，提升个体的体育教学思维、组构和理解能力才是终极理想。

（二）情境训练换式结构

1. 结构要素

知识是学习者在一定的环境即社会文化背景下，借助其他人（包括教师和学习伙伴）的帮助，利用必要的学习资料，通过意义建构的方式而获得。建构主义学习理论认为"情境"、"协作"、"会话"和"意义建构"是学习环境中的四大要素或四大属性。所谓意义建构的核心内容是信息不连续性、人的主体性以及情境对信息渠道和信息内容选择的影响。因此，体育教学技能体验训练模式的结构要素包括体育教学技能训练情境、合作伙伴、同伴之间的交流、意义建构和评价标准。

2．过程

（1）创设训练情境

依据训练目标内容和要求创设情境，深挖提炼体育教学技能内容之间的内在联系和训练规律，以引导个体从具有典型代表性的器材、对话或人物等情境中受到启发，使其能尽快、自然地掌握体育教学技能。创设情境的手段是多样的，主要有以语言描绘情境、以微格训练再现情境、以模拟课堂展现情境等。

（2）确定合作伙伴

在选择合作伙伴进行体验训练时，有同质型和异质型两种组合方式，针对不同的训练目标、内容，既可选择与自己知识和技能基础相同的同伴，也可选择在脾气性格、技能水平有较大差异的同伴。同质型可相互比较、促进，异质型可风格互补、互助提高。

（3）鼓励同伴之间的交流

合作伙伴之间的鼓励、协作、互动、切磋和随时随地的反馈，对于认知能力的提升意义极大，可通过同伴之间发表感想、讨论、总结、分享等方式，交流训练的心得，加深对情境训练模式的理解，培养练习者表达、沟通、反思和批判的能力。

（4）意义建构

意义建构是指信息的意义建构，是内部行为和外部行为共同作用的结果，要深刻理解训练内容的内涵。在练习体育教学技能的高级阶段，主要采用合作学习法、情境学习法、发现学习法和角色扮演等方法，通过教案设计、模拟上课、集体备课等途径，以积极主动建构体育教学技能应用的情境为前提，对整体的体育教学技能应用形成宏观的把握。例如，练者作为研究者，以一课两讲或一课三讲的形式，建构同一内容的不同教学方式，有助于对体育教学技能的深刻理解和能力的提升。

（5）研定评价标准

通过对注意、组织、决策和思维等能力的评价，增强个体对情境训练模式的深入认识。情境训练模式的评价以形成性评价、定性评价、自我评价等为主，鼓励学者深入思考，尽可能撰写研究报告、论文、经验总结或参与编著校本课程教材等。

（6）反馈调节

通过学术研讨、行动研究、案例分析等方式，探析训练中的进步与失误，调整与改进情境训练模式的情境布局、合作伙伴和意义建构等关键环节。

（三）环境训练模式的要求

1. 创设情境，模拟真实

提倡建构训练模式，营造具体和真实的训练情境，并反对抽象和概括，而是尽可能贴近体育教学现实情况，使练习者在情境中感受体育教师形象的同时，愿意对情境持续地产生注意，从而产生或满意、或愉悦、或悲伤、或热爱的情感体验。多方面的情感体验不应都是积极的，适当消极的体验有利于练习者在面对真实的体育教学实践时，做好充足的心理准备，可以从容面对、坚强不屈。

2. 方法混搭，反思改进

在运用情境训练模式的同时，要注重多种训练方式、方法的结合使用，达到更好的训练效果。教育情境的不确定性、非线性和混沌性，决定了教学没有固定的模式和技能技巧可以套用，因此，体育教学技能训练也必须凭借自己对教学技术的理解和领悟，做出自主判断，选择适当的训练方法，不断地对训练过程进行反思、自我调整并改进训练细节。

3. 基础扎实，体验创新

体育教学技能情境训练模式的应用，要求具备良好的基础知识和基本的体育教学技能，在所创设的情境中应用自如，全情投入体验情境，把训练的重心放在提升心智方面，体验学习、挑战、交流和创造的乐趣。在应用情境训练模式进行体育教学技能训练时，重点是体验学习和思维的过程，练习者可以模仿体育教学实践，但更重要的是理解贯穿整个教学过程的原则和方法，筛选适合创设情境的内容，切勿为了应用模式而进行无效或低效的体验。

4. 合作完成，群体相容

体育教学活动由于其特殊性，许多练习需要通过师生、生生协作与配合才能完成，因此社会能力的培养渗透在体育活动的方方面面。在进行体育教学技能训练时，必须重视同伴之间的协作和竞争对手之间的尊重，感悟群体动力的重要性，使学习者在掌握技能的同时，建立融洽的人际交往关系，相容于群体之中，为今后从事体育教学奠定良好的基础。

四、展演训练模式

展演训练模式是以人本主义学习理论为基础，它的顺利开展建立在对体育教学技术的深入理解及较熟练掌握的基础之上。纯熟的心智技能和操作技能是一个数据库，在教学过程中选择"用什么"和"怎么用"取决于练习者的观念风格和临场发挥。只要遵循体育教学的基本规律和原则，体育教学技能可根据实践中教学要求、情境、学生的差异而灵活运用、组合、搭配，切勿被生搬硬套的教学行为习惯所束缚。

（一）展演训练模式的含义与特征

1. 展演训练模式的含义

体育教学技能的展演训练模式是以提升体育教学技能水平为目的，以完整展示技能训练成果或完成某项教学任务为基本方式的训练过程范式。展演训练模式不仅关注教学技能和认知能力方面的提高，还有个体情感、意志、创新能力等方面的自我肯定和实现，使练习者养成较强的感受性，便于感知自身和教学对象的情绪，有助于在未来的体育教学实践中与合作伙伴、教学对象和谐相处，调整情绪和教学方式、方法，及时有效地应对和处理突发事件，注重提升体育教学技能运用到实际教学情境下的能力，并形成独特的教学风格。

2. 展演训练模式的特征

（1）灵活性

教学过程具有复杂性和变化性，即便是在规定了教学目标和方法的前提下，也会因为环境、对象、组织能力等条件的变化，产生千差万别的情况和效果。因此，展演训练模式就是训练学习者将自己的体育教学技能完整、全面地展现出来，灵活运用技能手段，合理地处理突发事件，临危不乱。

（2）主观性

主观性是鼓励从自我的角度出发，感知体育教学的魅力，对体育教学技能训练的原则、规律等基本原理的个性领悟。自我实现和为达到目的而进行创造的能力才是个体行为的决定因素，个人所处的物质、社会和文化环境只能促进或阻碍他们潜能的实现。

（3）独特性

个体对知觉方式的调节、学习能力的获得、持续学习等均存在差异，因此，展演的方式和效果不尽相同，不同的展示个体存在不同的表现。展演训练模式可以促使个体在进行技能训练活动时，深入理解训练内容，客观地审视自己，对完善练习者的价值取向与教学风格具有十分重要的意义。

（4）创造性

展演训练模式通过对规则和假设的不断创造，解释观察到的现象；而当教学技能的原有观念与新的观察之间出现不一致，原有观念失去平衡时，便产生了创造新的规则和假设的需要。展演训练模式通过对教学要素的个性解读，创造性地设计和实施教学活动，是一种创新性的理解和行动过程。

（二）展演训练模式的结构

1. 结构要素

人本主义学习理论中的关键环节是意义学习，如何为学习者创造一个良好的环境，使其从自己的角度感知世界，发展出对世界的理解，达到自我实现的最高境界。展演训练模式就是意义学习的最好诠释，不仅仅涉及事实积累的学习，而是使个体的行为、态度、个性得到充分施展的意义训练过程。因此，体育教学技能展演的训练模式包括四个要素：展演内容、展演方案、意义训练、评价标准。

2. 过程

（1）设计展演方案

根据展演内容，在尊重、了解与理解训练个体的前提下，激发练习者的训练积极性，充分发挥个体选择性、创造性，表现练习者对展演内容的构想和预计，将体育教学技能合理搭配、自由组合，体现展演训练模式不拘一格的特点，从而促进其成长、学习与训练。

（2）确定训练方法

展演训练模式多适用于体育教学技能训练的终极阶段，既可以采用分层练习法、差别练习法、成功练习法等方法进行体育教学技能的训练；也可采用行动研究、教学评比等实战演练，通过教案设计、说课、示范课评比、微课教学等途径，完整展示技能训练成果。

（3）意义训练

在前期已形成的体育教学技能基础上，融合个体对训练内容的解读，灵活自如地呈现出展演内容，展示体育教学技能的娴熟程度，从而继续拓展知识和技术，形成新的或更纯熟的体育教学技能。

（4）自我实现

在展演训练过程中体会到的是自我满足的价值感，如成功掌握教学技能的满足感、未来可以教书育人的认同感、个性得以彰显的存在感。展演训练模式不但注重挖掘个体的创造潜能，更关注人的高级心理活动，如热情、信念、生命、尊严等，引导其结合认知和经验，肯定自我，进而自我实现，形成自己独特的教学风格。

（5）评价反馈

练习者最清楚训练是否满足自己的需要、是否有助于明确自己原来不甚清楚的某些方面，因此发展性评价、个体内差异评价、自我评价等方式，是展演训练模式的主要评价方法，并能通过评价形成正确的自我认识与反思以及敏锐的观察和感受能力，有助于个人教学技能的提升和风格的塑造。

第三节　体育说课、讲课模拟教学技能的训练

一、说课技能

说课，作为一种教学、教研改革的手段，这项活动可操作性强，实效明显，得到了广大教研工作者、教师的普遍认可，并被进一步充实、完善，形成了具有鲜明的中国特色的教研活动。

（一） 说课的概念与体育课教学的特点

1. 说课的概念

说课既是一种具有创新意义的教学研究活动，又是教师职业技能训练的主要内容。

说课是指讲课教师运用系统论的观点和方法，在规定的时间内，用语言及其他辅助手段向人们介绍一堂课的设计意图和预想程序的一种教学活动形式。教师在完成教案的基础上，阐述自己的教学设计方案及理论依据，系统而概括地解说自己对具体课程的理解，阐述自己的教学观点，表述自己具体执教某课题教学设想、策略，以及组织教学的理论依据等。然后由专家评委、学者、领导进行评价，推断该教学设计方案是否切实可行、能否达到预期效果。

说课是在备课之后、上课之前进行的一种新的教学组织环节。说课源于备课，而又高于备课，它是上课前的实践演习；它不是上课，又是准课堂教学。说课的时间一般在 10 分钟左右，在课前或课后进行均可。

2. 体育课教学的特点

体育课教学是以身体练习为主要形式的实践型教学形式，不论是教师还是学生本身都认为实践课练习的重要性远远大于理论讲授课，从而忽略了教学设计在体育课教学中的重要作用。而教师在教学备课中，常常对教什么、怎样教给予更多的关注，很少考虑为什么教这些、为什么这样教、这样教的结果如何等。这样就会出现体育教师对大纲理解不深刻，对教材分析不完善，对教法、学法运用不灵活，对教学程序设计不严密，对重点、难点定位不准确等情况。

我国各学校根据学生需求、场地条件、师资结构等实际情况实施了适合本学校的课程。学校自主制订教学大纲、教学计划及课时安排，各主管教委制订相应的教学检查系统。这种教学形式给予体育教师很大的自由创新空间，有利于教师根据自身的优势开发新的教学方式与方法。

（二） 说课对体育课的积极作用

说课活动的好处很多，从不同的角度看，有不同的答案。根据实践和理解，

说课活动有以下几个方面的意义。

1. 有利于提高教研活动的实效

以往的教研活动一般都停留在观摩几节实践教学课，再由相关的专家、教授或同行评课。上课的教师处在一种完全被动的位置。教师只能将备课的结果运用于实际操作中，听课的教师也不一定能完全理解授课教师的意图，如果运动项目不同，评课教师就更是无从下手，导致教研实效低下。通过说课，授课教师说说自己教学的意图，说说自己处理教材的方法和目的，听课教师能明白任课教师应该怎样教，为什么要这样教。从而使教研的主题更明确、重点更突出，提高教研活动的实效。另外，还可以通过对体育教师进行说课形式的考核，统一思想认识，探讨教学方法，完善考核制度从而提高教学效率。

2. 有利于提高教师备课的质量

要说好课，首先要明确教什么和如何教的问题，体育教师必须认真学习教学大纲，钻研教材，弄清教材的前后联系，以及教材内容在整体教材中的地位，并阅读有关教学资料，以便加深理解教材大纲，才能准确制定教学目标。教学目标的确立有助于教师明确学生学什么和教师事后检验学生学得怎么样，有助于教师明确学生怎么学、教师怎么教的问题。在说课的准备过程中，往往会把备课中的隐性思维通过说课转化为显性思维，不断否定备课中出现的缺点和失误，从而相应地调节自己的想法，使有关的观点经过提炼而清晰起来，不断加以完善。说课活动可以引导教师去思考，从根本上提高教师备课的质量。

3. 有利于提高课堂教学的效率

教师通过说课，可以进一步明确教学的重点、难点，理清教学的思路。说课过程中对教学任务的分析，是对学生的起点能力转化为终点能力所需要的从属知识、技能、情感和态度进行详细阐释的过程，这就为确定教学内容的范围、深度和重点、难点、关键点打下基础，这与教什么、学什么相关。另外，说课要揭示教学内容中各项知识、技能之间的相互联系，为教学顺序的安排打下基础。这样就可以克服教学中重点不突出、训练不到位等问题，提高课堂教学的效率。

4. 有利于提高教师的自身素质

(1) 说课要求教师具备一定的理论素养

这就促使教师不断地去学习教育教学的理论，提高自己的理论水平。说课要求体育教师用语言表达自己的教学思路及设想，通过语言向同行或专家介绍自己将如何上一节体育课，这种机会给青年体育教师提供了在有人监督和评论中用口语表达自己如何上实践课的机会，促使青年体育教师多读书，钻研教材，理清思路，勤学苦练，其语言表达能力必然会在短时间内有较大幅度的提高。

(2) 坚持说课能帮助青年体育教师提高教学设计能力

课堂教学是一个复杂多变的系统，要全面反映教学需要罗列相当多的因素。同时，教学又是一个准备、实施、目标达成的完整过程。因此，说课要从三个方面展现。

①准备。即为教学准备阶段而进行的教学背景分析，由教学需要、教学内容、教学环境和教学策略构成。

②实施。由教学过程中的各主要环节、教学媒体和教学方法手段构成，主要解释怎么做、为什么这么做。

③目标达成。即对教学目标的达成而进行的教学预测或反思，也就是对本课教学设计所引起的教学效果的预测或评价，以及对自己教学设计的评价与反思。

若课前说课，对其教学设计实施以后可能会出现的结果进行预测；课后说课，则对其教学设计实施以后的教学结果与预期目标做一番比较，从中总结经验教训，并对原有设计提出改进，以提高教学设计能力。

(三) 体育课说课的基本内容

新课标下的说课必须充分体现课改的基本精神。说课的基本内容和要求主要包括如下几个方面。

①说背景环境。了解学生身心状态基本情况和教学需要解决的问题。

②说教材。教材分析一般包括以下内容：教材与课型、教材的类别和地位、教材的特点和作用（知识结构，教材的实践价值，教材的人文价值、地位和作用

等）、学生特点（学情分析）、教学的必要性、教材的内容和结构、教材的重点和难点、教材结构处理等。

③说目标。结合本节课的具体内容，提出通过教学在运动参与领域目标、运动技能领域目标、身体健康领域目标、心理健康领域目标、社会适应领域目标的基本要求和需要达到的要求。

④说重点。教学重点是课堂教学中要使学生学会和掌握的最主要和最重要的知识、技能或方法等内容。说课时，先说出教学重点是什么，再说出为什么把此内容确定为本课的教学重点。

⑤说难点。教学难点是一堂课中学生可能最难理解、最难把握、最难学会的知识、技能、方法等内容。同样在说教学难点时，最好说明为什么把此内容确定为本课的教学难点。

⑥说教法。探究教学方法是实现目标的有效途径。教师要根据本节课的教学目标和教学内容，设置若干能启发学生思维的问题，以问题为载体，培养学生的科学探究能力。教学方法很多，在说课中不必面面俱到，要进行概括或选择重点的有价值地说。

⑦说流程。说教学程序是指教师说明并应用设计的基本理念，阐述自己的教学思路、课堂结构等内容的过程，是与上课最接近的教学操作的口语化、现实化的尝试。

⑧说组织。组织教学也被称为组织措施，体育（与健康）课的组织教学是指顺利进行课堂教学的保证措施与手段。主要指：体育（与健康）课的常规要求、场地布置、器材运用、队形及队伍调动及确保教学的组织形式。一般实践课说课时应加以适当说明。

教师只有对自己的教学实践不断地进行研究和反思，才能逐渐提高实施新课程的教学策略。在课后反思的基础上，认真写出"教学后记"，写教学后记是提高教学水平的重要途径。要反思成功做法、失败之处、教学灵感、学生问题、学生见解、教学设计等。

二、讲课技能

（一）讲课和说课的区别与联系

1. 讲课和说课的区别

（1）对象不同

说课的对象是专家评委；讲课的对象则是学生。

（2）目的不同

说课的目的是分析该教学方案是否切实可行，能否达到预期效果，而讲课的目的则是为了完成教学任务。

（3）主线不同

说课的主线是整合三维目标的教学设计思想，即教什么？如何教？为什么要这样教？"为什么要这样教"是说课中的重点和难点；讲课的主线则是完成三维目标的教学程度，即创设教学情境，引导学生发现问题、提出问题、分析问题和解决问题。在分析问题的过程中深化概念，在解决问题的过程中掌握科学方法。

（4）性质不同

说课是一种教学研究活动；讲课是一种教学活动。

2. 讲课和说课的联系

说课与讲课的相同之处在于：最终目的都是确定实现教学目标所采取的教学策略与教学途径。

（二）板书技能

提到教师，大家就会联想到黑板粉笔，那是因为黑板粉笔就代表了教师的一项从教技能——板书技能。传统的板书是指教师运用黑板书写文字符号、图形和图表等传递教学信息，以达到辅助课堂教学的一种教学行为方式。板书又分为正、副板书。正板书通常写在黑板中央或左半部，为教学内容的高度概括；副板书一般写在黑板两侧或主要右侧，是正板书的补充或辅助正板书讲解的一些内容。因此，正板书须课前精心设计，而副板书可根据实际情况在课堂上临时发挥。所以一般板书技能中的板书是指正板书。

随着大批年轻教师走向讲台，现代教学媒体越来越多地介入课堂教学，有的教师在课堂上很少在黑板上书写板书，甚至一节课一个字也没写，而是直接事先将板书内容制成幻灯片，上课时直接投影出来。

（三）演示技能

人的认识规律是从生动地直接感觉到抽象的思维，再从抽象的思维到思维的实践，最后形成理性认知。演示就是一种符合这一规律，出现较早的辅助教学的一种方法。演示技能是教师在课堂教学中进行示范操作或运用实验、实物、模型、图片、图表以及电化教学等直观教学手段，为学生提供感性材料，充分调动学生的感官，形成表象和联系，指导他们观察、思考和练习的一类教学行为。其核心就是根据教学内容为学生提供恰当的直观感性材料，并借助它引导学生进行知识学习。

（四）讲解技能

教师上课也被称为讲课，那是因为讲解技能可以普遍应用于每一堂课，而且具有高效率的特点。它可以针对任何知识和技能的传授来开展，如可用于描述现象、讲解结构、说明原理、解释原因，也可用于引导思维、剖析疑难、概括方法、总结规律，等等。那到底什么是讲解技能呢？讲解技能是指教师运用语言辅以各种教学媒体，引导学生理解教学内容并进行分析、综合、抽象、概括，进而达到向学生传授知识和方法、启发思维、表达思想感情的一类教学行为。

1. 讲解技能的类型

讲解技能的类型一般可分为解释式、描述式、原理中心式和问题中心式四种。

（1）解释式讲解

解释式讲解属于讲解的初级类型，一般适用于具体的、事实的、陈述性知识的教学。如各课程中涉及的概念的定义、意思的解释、题目的分析、解答问题的一般步骤等。

（2）描述式讲解

描述式讲解也属于讲解的初级类型，包括叙述和描述，一般适用于内容陈述、细节描述、形象分析、材料显示等的教学。

（3）原理中心式讲解

原理中心式讲解是高级讲解类型之一，是以概念、规律、原理、理论为中心内容的讲解。在具体实施时经常使用叙述加议论的表达方式进行，在讲解中交替应用分析、比较、归纳、演绎、抽象、概括、综合等逻辑思维方法，强调论证和推理过程（也是最关键环节）。这种讲解方式普遍应用于各门学科的基础知识中。

（4）问题中心式讲解

问题中心式讲解，也属于高级类型的讲解，它是以解答问题为中心的讲解，这种讲解方式对于新理念提出的学生主体、教师主导更有意义。问题的提出，可以引导学生向某一指定方向学习实现教师主导，而提出的问题会激发学生学习兴趣，让学生主动思考，实现学生学习的主体地位。这种讲解方式实施时比较复杂，涉及引出问题—明确要求—选择方法—解决问题—得出结果等多个环节，因此主要适用于重点、难点和认知策略的教学。

2. 讲解技能的要素

讲解是一项综合技能，以使用语言为主，还包含和渗透着提问、演示、导入、组织等多项技能，就其本质而言，无论何种类型的讲解，都有以下几项基本的构成要素。

（1）形成讲解框架

教师讲解是要将教材的知识结构按照学生的认知规律清晰地展现出来，给学生留下深刻的印象。为了达到这个目的，讲解过程、结构就要合理，条理清楚，逻辑严密，结构完整，层次分明。比如在以问题为中心的讲解时，可提出系列化的关键问题使条理清晰。对讲解内容的不同部分要注意转换，即讲解时要讲清各部分内容之间的联系，利于不同内容之间转换的衔接；而在讲解时要紧密结合学生认知水平进行分析和综合，这些对于明确讲解的结构框架都有重要作用。当然在整个讲解过程中，讲解框架可以简单地通过结构化板书来直观呈现。

（2）突出重点

突出重点是讲好课的关键。指教师在讲课时，要处理好重点和一般的关系，将学生的注意力放在重要和基本的信息上，集中时间和精力于重点问题的解决，对这些内容尤其要让学生理解和掌握。

（3）突破难点

教学难点是指学生不易理解与掌握的知识和技能。这可能是由于内容抽象、学生缺乏基础、问题复杂等原因导致的。难点问题不解决，将给学生以后的学习带来困难。因此，教师在教学时，除了突出重点之外，还要根据难点产生的原因，想办法解决学生学习的难点，如采用直观教学手段、系列化问题解析等方式予以解决。

（4）语言表达

教师的讲解主要是以语言为工具进行的，讲解技能更是体现了这一点。因此讲解时恰当的语速、清晰的语音、抑扬顿挫的语调，以及形象生动的描述语言和准确规范的语言等对于讲解的成功都非常重要。这是因为好的语言表达不仅可以准确形象地说明要讲授的知识，还能使学生不易产生听觉疲劳，从而取得讲解的良好教学效果。

（5）使用例证

例证是学生进行学习迁移的重要手段。例证能将事实或学生的经验与新知识、新概念联系起来。当然这需要考虑例证的充分、具体和贴切性。例证有正反之说，在举了正面的例子以后，有时再使用一个相反的例子，可进一步和更全面地让学生理解要说明的问题。

（6）反馈与调整

教学的本质是通过师生的相互作用使学生得到发展。因此教师在讲解时还需注意学生的反应。如学生听课的表情状态、回答问题的情况、学生的动作等，教师根据这些状况随时调节自己的教学行为，从而达到较好的教学效果。

（五）提问技能

教学过程中提出问题、用问题激发学生的求知欲望和学习兴趣，从而在问题解决过程中促进学生的思维发展。

1. 问题设计

设计一个好的问题，需要做到以下几点：①研究教材，明确目标；②理解原则，掌握标准；③优化思路，编好程序。

2. 提问的技巧

①正确处理反馈信息；②学会启发和诱导；③掌握提问的技巧。

（六）反馈和强化技能

反馈强化是课堂教学中教师通过课堂中反馈的信息以自己特有的应变力来处理课堂中出现的各种问题，运用各种教学方法来强化课堂教学内容。

1. 反馈和强化技能的内涵

反馈技能是指在课堂教学中，教师传出教学信息后，有意识地从学生那里取得对有关信息的反应，并据此调整教学活动的行为方式。

强化技能是指增强对知识的反应程度，帮助学生把某一行为的变化朝着更好的方向发展的行为方式。

2. 信息反馈技能的特点

（1）双向性

双向性既包含教师对学生的信息传递，也包含学生对教师所授知识的反馈。两个过程相互交融，相互影响，同时发生，反向进行。

（2）及时性

多数情况下教学过程中的双向信息反馈需要快速及时地进行，这样做教师可以及时依据反馈的信息调控课程难度和进度，学生可以及时调整学习思维和方法。

（3）全面性

教学过程中涉及的各个环节、各个要素、各个阶段，每个学生信息反馈会源源不断地涌现出来，只有通过敏锐观察，全面把握，才可以顺利进行授课。

3. 信息反馈的两种主要方式

（1）直接反馈

直接反馈是指教师从学生方面及时得到的反馈信息。如观察学生记录笔记的神态，还有回答教师提问、自我阅读和讨论发言的表现等。这种反馈信息的方式是最基本的、最常见的，也是最为可靠的。

（2）间接反馈

间接反馈既可以是教师在教学中的自我反馈，也可以是从领导的检查、同学的评课以及学生的课间闲聊中获得。

（七）结束技能

精彩成功的课堂教学结束是教学科学性的体现。成功的课堂教学结束，不仅可以对教学内容或教学活动起到系统概括、画龙点睛和提炼升华的作用，而且能拓宽延伸教学内容，激发学生旺盛的求知欲望和浓厚的学习兴趣，对直接提高课堂教学效率，影响日后的学习效率起到重要的作用。

1. 结束技能的内涵

结束技能是教师完成一项教学任务时，通过重复强调、概括总结、实践活动等，对所教的知识或技能进行及时的系统化巩固和应用，使新知识稳固地纳入学生的认知结构中去的一种重要的教学行为。

结束技能常用于一节课的结尾。但是，课堂教学中任何相对独立的教学阶段都需要应用它，小到讲授某个概念、某个新问题的完结，大到一个单元或一项教学任务的终了。

2. 结束技能的常见形式及运用

（1）自然结尾法

正所谓"瓜熟蒂落、水到渠成"，教师所讲一堂课的最后一个问题的最后一句话说完，下课的铃声正好响起，这便是自然式结课。这种结课方式要求教师精于设计课堂教学的内容和结构，准确把握课堂教学的进程和时间，才能有效地达到预期的结果。

（2）悬念留疑法

以悬念留疑法结课，即结课时留下疑问，诱发学生的求知欲，造成"欲知后事如何，且听下回分解"的悬念效应，好的悬念设置能诱发学生的求知兴趣，能激发学生思维想象的浪花，能使学生产生急于知道下文的迫切心理。为此，教师要认真研究、仔细分析，设计好富有启发性的问题，造成悬念，激发学生的求知欲望。

（3）知识延伸法

一堂有品位的好课，不只是学生学习的结束，而是把结束作为一种新的开始，即把结课作为引导学生联系课堂内外的桥梁，让他们把学到的知识能力在课外得到延伸、扩张、充实，真正培养学生的运用能力。

（4）归纳法

归纳法是教学中常用的结课方法，是在课堂将要结束时，教师、学生或师生共同用准确简洁的语言，提纲挈领地把整堂课的重点内容、难点、知识结构、基本原理、基本技能等进行梳理和概括，从而结束课堂教学的一种方式。运用归纳式结课，可以给学生以系统、完整的印象，促使学生加深对所学知识的理解和记忆，培养其综合概括能力。语言应当简洁、概括、严谨，有启发性、创新性。

为了帮助学生理清所学知识的层次结构，掌握其外在的形式和内在联系形成知识系列及一定的结构框架，在课堂结尾时利用简洁准确的语言、文字表格或图示将一堂课或包括前几堂课所学的主要内容、知识结构进行总结归纳。这种小结繁简得当、目的明确，且有一定实际意义，而绝不是依教学的时间顺序，简单地读一遍板书的各级标题就能完成的，它应能准确地抓住每一个知识点的外在实质和内在的完整，从而有助于学生掌握知识的重点和知识的系统性。这种方式的结尾一般用于新知识密度大的课型或某一单元教学的最后一次新授课。

三、模拟教学技能

模拟教学是一种虚拟实践的现代教学方式。其中的"情景"是指情形、景象，即事物呈现出来的样子、状况；"模拟"指照着某种现成的样子学着做。即通过对事件或事物发展与发展环境、过程的模拟或虚拟再现，让学生身临其境，在所设情景中发现问题、解决问题，理解教学内容，进而在短时间内提高能力的教学方式。

（一）模拟教学的作用

在体育教学中，应用模拟教学能够直观地展示教学内容，便于学生理解，还能发挥学生的主体性作用，提高学习兴趣，收到事半功倍的效果，对提高教学质量具有十分重要的意义。

1. 利于提高学生的形象思维能力

模拟教学所选择的环境、过程，比较接近事件或事物发生与发展的真实情景，有利于提高学生的形象思维能力。

2. 利于学生加深对特定角色的体会

模拟教学为学生提供一个特定的情节，并使学生与模拟情景高度融合。学生在模拟中通过对特定情节或细节的演绎，加深对某些角色地位、作用、处境、工作要领等的体会。模拟教学中的情节或细节应该是有特点、能超越情节或细节的局限性，且能表现出事物整体性的情节或细节。

3. 利于增强学生对实际问题的预测与处理能力

模拟教学让学生通过模拟事件发生、发展的每个环节，不仅可以引导学生模拟事件或事物的发展演变规律，而且可帮助学生发现潜能，找出不足，从而增强对实际问题的预测与处理能力。

（二）模拟教学的特点

1. 直观性

模拟教学形象直观，环境与过程逼真，可有效解决某些理论原理难以形象化讲授、某些课题知识点难以通过实践加以验证的问题，让学生身临其境，突出可操作性，注重实效性，又兼顾理论性。具有教师与学生高度投入、学生自身经验与模拟情景高度融合的特点。

2. 科学性

由于环境与过程的相互作用，并且注重理论与实际的高度结合，结果明确且相对准确，因此，模拟教学具有科学性。

3. 参与性

为获得较高评价，学生一般都会积极参与，充分表现，施展才华；都会积极投入，探索并试图解决问题，进而培养沟通、表达、相互认知等社交能力；使参与者获得实际工作经验，认清自身不足，也利于培养学生的集体荣誉感和团队精神。

思考题

1. 简述体育教学技能形成的感知阶段。

2. 体育教学技能训练的途径有哪些？

3. 体育教学技能训练的基本原则有哪些？

第五章 体育项目教学与训练实践

导　读

　　体育锻炼对大学生提高身体素质、保持体形体态、锻炼身体机能等各方面，都有着显著的积极促进作用。而在我国目前的高校体育项目教学中，就设有球类运动、田径运动和健身运动等五花八门的多项运动教学项目，确保能够满足大学生的运动需求。

学习目标

1. 了解田径运动的价值。
2. 掌握球类运动的训练技巧。
3. 掌握体育舞蹈运动的训练技巧。

第一节　田径运动教学与训练实践

一、田径运动概述

（一）田径运动的定义

　　随着田径运动的迅速发展和运动水平的不断提高，国际竞赛频繁、交流增多，人们对田径运动的认识不断加深。根据国际业余田径联合会章程第一条，田径运动定义为"是由田赛和径赛、公路赛、竞走和越野赛组成的运动项目"。田径运动与人类活动基本技能密不可分，但将它十分准确地界定也很困难，从不同角度会有不同的认识，重要的是应掌握田径运动的实质。

尽管田径运动的定义包含了运动竞赛的成分，但绝不能狭义地把竞赛视为田径运动的全部内涵和最终目的。在以增强体质、提高身体素质、提高健康水平和培养意志品质为目的的社会体育和学校体育中，田径运动的作用是不可替代的，它是社会体育和学校体育的重要组成部分。

（二）田径运动的价值

田径运动是在人类基本运动形式的基础上产生，在人类对它的不断认识中发展起来的。随着田径运动的日益普及，它的价值越来越受到重视，其特点也更加突出。

作为一项最基础的体育运动项目，田径运动不仅能全面地提高人体的运动能力和运动素质，而且能对培养人和塑造人起到重要作用。因此，在学校体育、社会体育和竞技体育中均有显著地位。

1. 田径运动的教育价值

第一，田径运动的各个项目都要求运动员在具有一定限制的条件下表现出最大的能力，要始终保持必胜的信心，要有克服一切困难和正视一切挑战去实现自己目标的勇气。因此，它能培养人的勇敢顽强、拼搏进取的意志品质。

第二，田径运动是在严密的组织下，按严格的规则和要求进行的。同时，运动员要通过个人努力才能取得优异成绩，这一成绩与集体荣誉连在一起。因此，它能培养人遵守纪律，增进责任感和集体主义精神。

第三，田径运动主要是个人项目，运动员需要以不同的方式和方法不断完善自己，提高运动水平，更多地依靠自己独立地完成任务。在比赛中，要有应变能力、自我情绪调控去排除各种干扰的能力。因此，它有助于个性的形成，有利于心理素质的培养。

第四，田径运动的技术变化小，单一重复的动作较多，尤其是训练期间，相对枯燥死板，训练的量较大。因此，从事这项运动能培养吃苦耐劳、坚韧不拔的精神。

2. 田径运动的健身价值

田径运动的不同项目对提高身体的有关能力和相应的身体素质有不同的效

果，对提高人的健康水平有明显作用。

短距离跑是人体在无氧条件下进行的一种运动，它能使有氧系统酶的活性增加，能提高人体的最大摄氧量，同时，还有助于提高中枢神经系统兴奋和抑制的灵活性。它是发展快速运动能力和提高无氧代谢水平的重要手段。

从事长距离跑和竞走能增进心脏和呼吸系统的工作能力。由于人体在有氧情况下进行运动，在运动中消耗的能量较大，能防止人体内脂肪储存过多。它是提高心肺功能和发展人体耐久力的有效手段。

在短时间、高强度神经活动和肌肉用力克服障碍的运动中，能使人的感觉机能得到提高和加强。它是提高身体控制和集中用力能力，发展协调性、灵敏性的有效手段。

投掷项目是表现人体力量的运动，能使人体肌肉发达、力量增强，改善人体灵活性。

旋转类项目能使神经过程具有高度的均衡性，能使前庭分析器具有很高的稳定性，是提高肌肉力量、改善神经过程和发展力量素质的手段。

3. 田径运动的竞技价值

在竞技体育中，田径是公认的大项，它的奖牌最多，素有"得田径者得天下"之说。各种大型综合运动会，最后一项比赛一般都是田径项目比赛，往往在田径比赛的角逐中决出团体的胜负。田径训练一般要求的条件不高，选材面广，参加人数多，而且多是个人项目，项目投资与奖牌比相对较小，效益高，所以，田径项目一直被列为竞技体育中选择的重点。

田径运动在提高身体素质方面效果显著，很多竞技体育项目都把它作为发展全面身体素质的重要手段。为了较客观地衡量身体训练水平，检验身体训练的效果，一般都选用一些田径项目制定测验标准，并作为常规性测验指标。

(三) 田径运动的特点

田径运动除了具有一般体育项目的特点外，它还具有其明显的特点。

1. 广泛的群众性

田径运动是最普及、参与人数最多的运动项目。在学校体育中，它是教学的重点内容；在群众体育中，它最受欢迎而且最容易被接受。其主要原因有以下几个方面。

（1）针对性强，可选择余地大

它对提高人体健康水平和发展全面身体素质效果明显。参加田径运动的人可根据自己的兴趣和爱好去选择不同的项目，还可根据个人的身体状况和需求确定适合个人的项目。有计划、有目的地安排不同项目，可使人体健康水平得到全面发展。

（2）受条件限制因素小

从事田径运动通常只需在室外有一定的活动空间，如操场、公园等地，就可作为活动场所，而且受时间、气候影响小，可安排在任何闲暇时进行。田径项目的器材比较简单，参加运动时可根据条件，因陋就简，还可自行制作。举行基层运动会可在各种非正规场地上进行，有些器材和设备可简化或用近似的器材和设备代替。

（3）可参与性强

田径运动适合不同年龄和性别的人，不同身体状况的人也都能够选择适应自己的项目。在运动中，人们可控制运动的量和强度，不易受伤害。田径运动不受参加人数的影响。大部分田径项目均可在短期训练后参加比赛。

2. 激烈的竞争性

田径运动竞赛是能力、技术和心理的较量，特别是在高水平的比赛中更为明显。运动员的成绩越来越接近，你追我赶，相持不下，经常以微弱之差决定胜负。田径运动竞赛项目的成败取决于运动员瞬间发挥的水平，而田径运动竞赛项目运动员同在一条起跑线开始，进行全程的拼搏。因此，田径运动竞赛非常紧张而激烈，运动员不仅要精力高度集中，还要不畏强手，充分表现出自己的最高水平。田径运动竞赛在实力的较量中，将激烈的竞争气氛贯穿全过程。

3. 严格的技术性

田径运动的项目有周期性和非周期性两种。就各项技术动作而言，既不同于技巧性项目，也不同其他一些直接对抗性的项目。比赛中的田径技术相对稳定，动作结构也不是非常复杂，但是它对技术要求却特别高。人的潜力在一定意义上讲是有限度的，要创造更好的成绩必须依靠先进的合理技术。所谓合理技术，应能充分发挥个人在各运动环节的高度协调配合的能力，调动各运动器官的最大潜力，节约体能，在时间、空间和肌肉用力上达到高度统一。要使个人技术既符合生物力学的合理性，又要与个人特点相结合，这就需要运动员不断改进技术，形成个人技术的风格。田径运动技术在短短一瞬间要达到高度准确，每一个动作，身体的每一个环节、每一块肌肉或每个肌群的用力和放松的时间与顺序都要协调一致，构成了技术严密的统一体。在比赛中，往往因为一个动作的细节出现偏差而导致成绩下降，甚至动作失败。因此，田径训练中的技术训练内容贯穿运动员培养过程的始终。只有不断地细化个人技术，不断地使技术达到自动化程度，才能在任何场合表现出自己的最高水平。此外，一名优秀运动员还应根据比赛中的不同气候条件来对个人技术进行适当调整，以便更好地利用外界条件或克服不利条件，保证自己水平的发挥。

4. 能力的多样性

田径运动的基本动作形式为走、跑、跳、投，有个人和集体项目，它们反映了人的速度、力量、耐力等方面的能力。每个项目都有本身的特点，突出地反映某一方面的能力，因此，优秀运动员训练和比赛大多围绕一个专项。较全面地参加田径项目，可使人的运动能力普遍得到提高。

不同运动能力形成运动员较大的形态差异。

二、跑

(一) 短跑

短跑属于极限强度运动。短跑比赛项目根据长度不同可分为四种，包括 60m 跑、100m 跑、200m 跑、400m 跑，是发展速度素质最有效的手段，是许多田径项目以及其他一些运动项目的基础。

1. 短跑技术

短跑全程技术按技术动作的变化可分为起跑、起跑后加速跑、途中跑和终点跑四个部分。

（1）100m跑的技术

①起跑。起跑的任务是使身体迅速摆脱静止状态，为起跑后加速跑创造条件。田径规则规定，在短跑比赛中，运动员必须采用蹲踞式起跑，必须使用起跑器，运动员要按发令员的口令完成起跑动作。

安装起跑器的目的是使脚有牢固的支撑，形成良好的用力姿势，有利于起跑和起跑后的加速跑。

起跑器的常用安装方式有普通式和拉长式两种。

普通式：前起跑器距起跑线一脚半长，后起跑器距前起跑器一脚半长。前起跑器的支撑面与地面夹角呈45°左右，后起跑器的支撑面与地面呈60°~80°，两起跑器的中轴线间隔约15cm。

拉长式：前起跑器距起跑线两脚长，后起跑器距前起跑器一脚长。起跑器的支撑面与地面的夹角和两起跑器左右间隔与普通式基本相同。运动员采用哪种起跑器和安装方法，应根据个人的身高、体型、身体素质和技术水平等情况来选择，其目的是使运动员能充分发挥肌肉的最大力量，获取最大初速度，有助于加速跑的完成。

起跑过程包括"各就各位""预备"和鸣枪三个阶段。

听到"各就各位"口令后，运动员可利用短暂时间稍做放松练习，稳定一下自己的情绪，然后走到起跑器前，俯身，两手撑地，两脚依次蹬在前后起跑器的抵足板上，脚尖应触及地面，后腿膝关节跪地，通常将有力腿放在前起跑器上。接着两臂收回到起跑线后并支撑地面，两臂伸直，两手间距离与肩同宽（或比肩稍宽），四指并拢（或稍分开）与拇指成有弹性的"人字"形支撑，身体重心稍前移，肩约与起跑线齐平，头与躯干保持在一条直线上，颈部自然放松，身体重量均匀地落在两手、前腿和后膝之间，注意听"预备"口令。

听到"预备"口令后，逐渐抬起臀部，臀部要稍高于肩部10cm~20cm，同时使身体重心向前上方移动。此时，身体重心落在两臂和前腿上，身体重心投影点在距起跑线15cm~20cm处，两小腿趋于平行，前面的腿与膝呈90°~100°的角，后面的腿与膝呈110°~130°的角。两脚贴紧在前后起跑器抵足板上，集中注意力听枪声。

听到枪声后，两手迅速推离地面，屈肘做有力的前后摆动，同时，两腿快速用力蹬起跑器。后面的腿快速蹬离起跑器后，便迅速屈膝向前上方摆出，摆出时脚不应离地面过高，这有利于摆动腿迅速着地并过渡到下一步。前面的腿有力地蹬伸，后蹬角为42°~45°。

②起跑后的加速跑。起跑后的加速跑是从蹬离起跑器到途中跑开始的一个跑段，一般为30m左右（优秀运动员略长）。它的任务是尽快加速达到自己的最高速度。

腿蹬离起跑器后，身体处于较大的前倾姿势。为了不使身体向前摔倒，继续加速，要积极加快腿与臂的摆动和蹬地动作，保持身体平衡。第一步的着地应尽量靠近身体重心投影点，脚着地后迅速转入后蹬。身体的前倾随着步长和跑速的增加逐渐减小，最后接近途中跑的姿势。

起跑后第一步约三脚半长，第二步约为四脚至四脚半长，以后逐渐增大，直至途中跑的步长。

加速跑最初几步的支撑点是处在身体重心投影点的后面，这可以使后蹬的大部分力量用于提高水平速度。随着跑速的增大，支撑腿着地点位置逐渐向前移，直至在身体重心投影点前面着地。加速跑过程中，最初几步两脚着地点并非在一条直线上，随着速度的加快，两脚着地点逐渐合于一条直线（在起跑后10m~15m处）。

两臂有力地前后摆动，这在起跑后加速跑中有很大意义。在加速跑中两臂动作与途中跑基本相同，但开始几步大腿前摆幅较大，与此相适应摆臂的幅度也较大。

③途中跑。途中跑的任务是继续发挥和保持最高跑速。起跑后加速跑结束，即进入途中跑。途中跑的一个单步由后蹬和前摆、腾空、着地和缓冲几个部分组成。

后蹬和前摆：后蹬是推动人体向前的重要的动作阶段。当身体重心移过支撑垂直面时，支撑腿开始积极有力地后蹬。后蹬的用力首先从伸展髋关节开始，依次蹬伸膝、踝关节，直到脚掌蹬离地面。随着支撑腿的蹬地，摆动腿迅速有力地向前上方摆出，并带动同侧髋前移，大腿前摆与水平面呈15°~20°的角。后蹬与前摆结束时，支撑腿与摆动腿的夹角为100°~110°，支撑腿的支点到髋关节的连线与地面的夹角为55°~60°，支撑腿蹬离地面时膝夹角为150°~156°。

支撑腿与摆动腿的协调配合是途中跑技术的关键，正确完成蹬摆技术，特别是加快摆动腿前摆的幅度和速度，对增大支撑反作用力、减小支撑腿的后蹬角度、增大水平速度和减小身体重心上下波动，具有十分重要的作用。

腾空：腾空是支撑腿结束后蹬离地面，进入无支撑状态。腾空期是从足尖离地后开始，支撑腿的大腿随着蹬地后的惯性，使膝关节折叠屈曲，同时，还伴随着另一条腿抬大腿的屈髋关节动作，形成边折叠边前摆姿势。即当左腿离地折叠前摆时，右腿的摆动已接近最高位置，当右腿摆至最高点后，大腿积极下压，小腿随大腿快速摆落，呈"鞭打"着地，与此同时，左腿大小腿夹角逐渐缩小，当右腿着地前，左膝角接近最小。在大腿摆落过程中，应强调前后两大腿做快速"剪绞"动作，以便加快步频。在途中跑中，头部正直，上体稍前倾。摆臂动作是以肩为轴前后摆动，颈肩应放松，手成半握或伸直，臂弯曲，上臂与前臂夹角约成90°。前摆时，肘关节角度小于90°；后摆时，肘关节角度大于90°。摆动应自然、有力地前后摆动。向前摆动速度要快，幅度要大，手稍超过下颏；后摆时，肘稍朝外，不能耸肩，上臂摆到与地面接近平行。

着地和缓冲：腾空结束时，摆动腿积极下压（避免小腿前伸），用前脚掌富有弹性地着地。着地瞬间，小腿与地面接近垂直，着地点距身体重心投影点27cm~37cm，着地角度为65°~68°。摆动腿积极着地有利于缩短前支撑的时间，并能减小着地时的阻力，有利于身体重心迅速由前移转入后蹬阶段。然后迅速屈膝屈踝缓冲，随着跑动惯性，摆动腿的大小腿折叠，迅速向前摆动并与支撑腿靠拢。随着身体的继续前移，当身体重心位于支撑点上方时，身体重心高度几乎接近最低点，支撑腿的膝关节成136°~142°，踝背屈角为85°~90°，身体重心刚超出支撑面瞬间，其位置处于最低点，这时膝关节和踝关节曲角最大，支撑腿伸肌形成良好的拉长压紧待发状态。

在支撑腿缓冲过程中，另一侧摆动腿的大小腿折叠角处于最小状态，折叠越好，越能缩短摆动半径，减小摆动阻力，加快摆动速度，从而增大后蹬效果。

④终点跑。终点跑是全程跑的最后一段，应尽力以途中跑的最高速度跑过终点。

终点跑的技术，要求运动员在离终点线15m~20m处时，尽力加快两臂摆动速度和力量，保持上体前倾角度。

当运动员离终点线前一步距离时，上体急速前倾，双手后摆，用胸部或肩部撞终点线，跑过终点后逐渐减速。

（2）200m 跑和 400m 跑的技术

200m 跑和 400m 跑，有一半以上的距离是在弯道上进行的。为了适应弯道，技术上有相应的变化。

①弯道起跑和起跑后的加速跑。为了便于弯道起跑后能有一段直线距离进行加速跑，应将起跑器安装在弯道的跑道右侧，起跑器对着弯道的切线方向。

弯道起跑后前几步应沿着内侧分道线的切线跑进。加速跑的距离适当缩短，上体抬起较早。在进入弯道时，应尽可能地沿着跑道内侧跑，身体及时向内侧倾斜。

②弯道跑技术。蹬地与摆动方向都应与身体向圆心方向倾斜趋于一致。

从弯道跑进直道时，应在弯道最后几步，身体逐渐减小内倾程度，自然跑几步，然后全力向前跑。

2. 短跑教学

短跑技术教学应以途中跑技术教学为基础，在途中跑技术掌握到一定程度后，再进行蹲踞式起跑、起跑后加速跑、终点跑、弯道跑及弯道起跑等技术教学。

①建立正确的短跑技术概念。讲解短跑的发展概况，短跑项目的技术特点、裁判法、规则等知识及技术示范。用 50m～60m 做短跑完整技术示范。观看优秀运动员技术图片、录像或电影等，让学生直观了解短跑技术。

②学习直道途中跑技术。

教学方法：

学习摆臂技术。原地呈弓步或左右站立做前后摆臂，摆臂的动作要领是以肩为轴，前后自然摆动。臂前摆时肘关节角度逐渐减小，后摆肘关节角度逐渐增大。两手半握拳或手伸直，摆臂时肩要放松，避免躯干左右晃动。要求用脚掌着地，脚跟离地较高，富有弹性地跑。在直道上中等速度做 60m～80m 匀速跑。跑的动作应放松、协调，步幅开阔，摆臂幅度大，强调后蹬、大小腿折叠和高抬摆动腿技术。做大步幅的反复跑。体会摆动腿前摆时充分带动同侧髋前送技术。以匀加速的技术跑 60m～80m，体会完整途中跑技术。行进间跑 30m～60m，特别强调技术动作的完整与放松。

注意事项：

在途中跑教学中，要始终强调上肢与下肢协调配合技术。体会自然放松跑的技术和大步幅技术。随着技术的不断改进和完善，逐步加快跑速，延长跑的距离。

③学习蹲踞式起跑和起跑后加速跑技术。

教学方法：

讲解示范蹲踞式起跑技术。让学生学习起跑器的安装方法。学习"各就各位""预备"技术，体会起跑动作要领，学生成组进行练习。学习起跑和起跑后加速跑。第一，体会迈第一步技术、摆臂技术、两腿蹬伸和前摆技术。第二，集体听信号蹲踞式起跑，加速跑 20m~30m。

注意事项：

起跑器的安装及"预备"姿势的身体重心高低，应根据个人特点，不断调整起跑器的位置和抵足板角度。学习开始阶段，由于技术不熟练，不应过分强调身体前倾，以免摔倒或影响起跑和起跑后加速跑动作的连贯性。学习起跑技术初期，应以单个练习为主，听枪声集体起跑要在掌握技术后和教学后期进行。

（二）中长跑

中长跑包括中距离跑和长距离跑。中跑是对速度和耐力要求都较高的项目，长跑是以耐力为主的项目。但随着竞赛激烈程度和运动水平的接近，中长跑对速度的要求也越来越高，只有平均速度快、冲刺能力强的运动员，才可能在比赛中获胜。

1. 中长跑技术

中长跑的技术基本上是相同的，但由于各项目之间的距离不同，在技术动作的速度和幅度及用力程度上有所不同。对各项目的一般要求是：身体重心位移平稳、动作实效、经济、轻松、自然，并保持良好的节奏。高步频、积极有效地伸展和快速有力地摆动动作，是现代中长跑技术的主要特征。

中长跑各个项目的完整技术均分为起跑、起跑后的加速跑、途中跑和终点跑等主要技术环节。

（1）起跑和起跑后的加速跑

中长跑采用站立式起跑。当听到"各就各位"口令后，从集合线轻松地走到起跑线后，呈两腿前后站立，有力之腿在前，紧靠起跑线后沿。前脚跟与后脚尖距离约一脚长，左右间隔约半脚，后腿用前脚掌支撑站立。臂的动作有两种，一种是两臂一前一后，另一种是两臂在体前自然下垂。两腿弯曲和上体前倾程度，依战术而定，即起跑速度越快，两腿弯曲和上体前倾程度越大。颈部放松，眼向前看 5m～10m 处，整个身体保持稳定姿势。注意听枪声。

听到枪声后，两腿用力蹬地，后腿蹬地后迅速前摆，两臂配合两腿的蹬摆做快而有力的前后摆动，使身体快速向前冲去，过渡到起跑后加速跑阶段。加速跑时，两腿应迅速有力地蹬伸和积极地摆动，在短时间内到达预定速度。加速跑的距离依项目、个人能力及战术而定。一般中跑加速跑的距离稍长。无论是在直道还是在弯道上起跑，都应该按切线方向跑进，在规则允许的范围内，抢占有利的战术位置，然后进入途中跑。

（2）途中跑

途中跑是决定中长跑运动成绩的主要环节。途中跑应强调轻松、省力、节奏好。

①后蹬与前摆。在一个跑的周期中，当身体重心移过支点上方时，开始后蹬与前摆动作。在摆动腿膝关节迅速有力地向前方摆出，带动同侧骨盆前送的同时，后蹬腿的三个主要关节迅速蹬伸。用力顺序是伸髋—伸膝—伸踝。蹬地时，不仅腿部大肌群参加工作，而且脚掌小肌群也积极参加工作，最后经脚趾蹬离地面。后蹬结束时，后蹬腿膝关节不是完全伸直的，一般为 160°～170°的角，蹬伸结束后应快速向前摆腿。

摆动腿大腿带动小腿积极向前方摆动，加大支撑腿的支撑反作用力，加快蹬伸速度，使髋部更好地前送，带动身体重心向前移动，同时，也为摆动腿积极地创造条件。大腿前摆时，小腿要放松而自然下垂。后蹬动作结束时，摆动腿小腿处在与后蹬腿近似平行状态。

②腾空。后蹬腿蹬离地面后，身体进入腾空阶段。腾空时，放松蹬地腿的肌肉，并迅速有力地将大腿向前上方摆出。此时小腿随惯性自然摆起，膝关节弯曲，形成大小腿折叠的姿势。脚在空中移动的轨迹高度在膝关节附近。小腿顺惯性折叠，以髋带动大腿积极、迅速地向前摆动。优秀运动员的技术特征不是过高地向后甩小腿，而是在脚向上抬的同时，膝也向前摆，这就缩短了摆动半径，加快了摆动角速度。

③着地与缓冲。脚着地前，摆动腿大腿积极下压，小腿顺势前摆并做"扒地"动作，着地腿的膝关节是弯曲的，这对完成缓冲动作有积极作用。脚着地时用前脚掌或前脚掌外侧先着地，然后过渡到全脚掌着地。优秀运动员脚着地点与身体重心投影点间距离为 20m～30cm。着地时脚尖应正对跑进方向，不应偏离。脚着地后，小腿后部肌群和大腿前部肌群应积极而协调地退让，以减缓着地瞬间的阻力。同时，预先拉长伸肌，为后蹬创造条件。与伸肌退让的同时，应迅速屈踝、屈膝和屈髋完成缓冲动作。其中，屈膝在缓冲过程中起主导作用。这时，骨盆向摆动腿一侧倾斜，摆动腿的膝关节低于支撑腿的膝关节。

④上体姿势与摆臂动作。上体正直或稍前倾，头颈部肌肉自然放松，两眼平视，两手半握拳，两臂弯曲，两肩放松，以肩为轴前后自然摆动。摆幅随跑速变化而适当变化。肘关节的角度在垂直部位可大些，以利于两臂肌肉的放松。

途中跑有一半以上的距离是在弯道上进行的。弯道跑技术基本上与短跑的弯道跑技术相同，只是跑速相对较慢，动作速度、幅度和用力程度较小。

中长跑除了因战术需要而改变跑的节奏外，一般多采用匀速跑。匀速跑可为肌肉和内脏器官的活动创造有利的条件，并能推迟疲劳的出现。但长时间用一种节奏跑会使运动员感到单调，也不适应现代中长跑激烈竞争的需要，因此应掌握多种节奏跑的方法。

（3）终点跑

终点跑是临近终点的一段冲刺跑。终点跑的距离要根据项目、训练水平、个人特点、战术需要及比赛具体情况而定。一般情况下，800m 跑可在最后300m～200m，1500m 跑在最后 400m～300m，3000m 跑以上可在最后 400m 或稍长的距离开始终点冲刺跑。速度快的运动员，往往在跟随跑的前提下，在最后一个直道时突然加速；耐力好的运动员，多采用更长段落的冲刺跑。无论终点跑距离长还是短，在冲刺跑之前，都必须抢占有利位置，并注意观察对手情况，用尽全部力量冲过终点。

（4）中长跑的呼吸

中长跑时，为了改善气体交换与血液循环的条件，应注意呼吸的节奏。呼吸的节奏取决于个人特点和跑的速度。一般是跑两步或三步一呼气，跑两步或三步一吸气。随着跑速的提高，呼吸频率也相应加快。在终点冲刺跑时，有些运动员采用一步一呼、一步一吸的方法。呼吸应自然并有一定的深度。随着疲劳的出现，应着重加深呼气。只有充分呼出二氧化碳，才能充分吸进新鲜氧气。在强度大、竞争激烈的情况下，为了提高呼吸效率，仅用鼻呼吸是不够的，应采用半张口与鼻同时呼吸，来最大限度地满足机体对氧气的需要。

中长跑时，由于内脏器官机能的惰性，氧气的供应暂时落后于肌肉活动的需要，跑一段距离后会出现不同程度的胸部发闷、呼吸困难、动作无力等现象，迫使跑速降低，甚至有难以坚持跑下去的感觉。这种生理现象叫"极点"，它与准备活动、训练水平和运动强度等有关。跑的强度大，"极点"出现得早；跑的强度小，"极点"出现得迟，而且感觉轻，适应的时间也短。"极点"现象也与训练水平有关，训练水平高，内脏器官的适应能力就强，"极点"出现得就较缓和、短暂。"极点"是可以克服的，在练习过程中，应遵循循序渐进的原则，充分做好准备活动，掌握好途中跑的速度变化。当"极点"出现时，可适当降低跑速，注意加深呼吸，特别是加深呼气，同时，要以顽强的意志坚持下去。"极点"的克服，不仅是提高训练水平的过程，也是锻炼意志、培养顽强精神的过程。

2. 教学特点

由于学习中长跑技术比较枯燥和艰苦，在教学中应注意培养学生吃苦耐劳、克服困难的精神。此外，还应运用多种教学方法，提高兴趣，调动学生学习的积极性。中长跑的技术教学以途中跑为主。一般采用完整教学法，教学顺序一般为：学习直道和弯道途中跑技术—学习起跑和起跑后加速跑技术—根据学生的个体特点在完整练习中改进和提高中长跑技术。

第二节　球类运动教学与训练实践

一、篮球

（一）篮球运动概述

篮球运动是运动员在篮球场上运用各种技术和战术并遵循规则以投篮得分为

中心的对抗性球类运动比赛项目之一。

篮球运动具有很强的集体性和凝聚力，可以培养队员齐心协力、团结合作、密切配合和顽强拼搏的团队精神。通过激烈的对抗运动，达到培养学生顽强的意志品质和坚韧不拔的精神。

篮球运动不受年龄、性别和职业的限制，既能增强体质、促进健康，又可以丰富人的业余文化生活，提高人的生活质量和情操。

当代篮球运动以 NBA 水平最高，它是世界篮球水平的代表，具有技术、战术更全面、更精细、更准确、高速度、高空中优势和高对抗等特点。

（二）篮球的移动

移动是队员在比赛中改变位置、速度、方向和争取高度时所采用的各种脚步动作的通称。移动是篮球技术的基础。在进攻中，突然快速地移动可以摆脱防守，创造良好的进攻机会；在防守中，及时合理地移动可以保持和抢占有利的位置防守对手，争取防守的主动权。

1. 主要移动技术的动作要点

（1）起动

动作要点：起动时，上体向起动方向快速前倾，异侧脚（或后脚）用力蹬地。同时，两臂用力摆动，向前跑出。

（2）侧身跑

动作要点：侧身跑时，头和上体向球的方向侧转，脚尖朝着跑动的方向。

（3）变换方向跑

动作要点：变方向时，异侧脚用力蹬地，转体变方向，同侧脚跨出一小步，急速跑出。

（4）急停

动作要点：①跨步急停：两脚先后着地，先着地的脚要用力蹬地，后着地的脚落在另一只脚的侧前方或侧方，降低重心，膝关节弯曲，以保持身体平衡。②跳步急停：跳步急停时，无论是单脚或双脚起跳，都不宜跳得太高、太远。落地时，两脚同时落地，脚掌用力蹬地，屈膝，降低重心，保持身体平衡。

（5）转身

动作要点：①前转身。一脚从中枢脚脚尖前绕过移动为前转身。如向左做前转身时，左脚为中枢脚，身体重心移到左脚，右脚脚掌用力蹬地，同时上体向左转动。②后转身。一脚从中枢脚脚跟后面绕过移动为后转身。如果向右做后转身，则左脚为中枢脚，身体重心移到左脚，右脚脚掌用力蹬地，同时上体向右转动。

（6）滑步

动作要点：①侧滑步。向左侧滑步时，左脚向左跨步，左脚落地的同时，右脚蹬地滑动，向左脚靠拢，两脚不交叉，身体不上下起伏，两臂侧张开。向右滑步时，动作则相反。②前滑步。向前滑步时，前面的脚向前跨出一小步的同时，后面的脚的脚掌内侧用力蹬地向前滑半步，前脚的同侧臂向前上举，另一臂向侧下伸出。③侧后滑步。动作与前滑步相同，方向是向侧后方。

（7）攻击步

动作要点：前位脚向前迈出的同时，后位脚的脚掌用力蹬地，前位脚的脚掌先着地，紧接着是后位脚跟进，与前位脚同侧的手向前伸出。

（8）后侧步

动作要点：前脚掌内侧用力蹬地，重心后移，然后将前位脚移至后位脚的斜后方，紧接着前滑步，保持防守位置。

（9）跨步与交叉步

动作要点：若左（右）脚为中枢脚，右（左）脚为摆动脚，向正前方，向右侧跨出为跨步；右（左）脚向左（右）脚斜前方跨出为交叉步。跨步主要是中枢脚的脚掌用力蹬地，交叉步主要是摆动脚的脚掌用力蹬地。

2. 移动技术的教法与练习方法

①教师讲解移动的动作要点并示范，包括正面示范、镜面示范、侧面示范。
②单个移动技术练习，教师用手势发出信号，学生按教师指定的方向移动。
③逐步将移动技术穿插练习。

（三）传球、接球

传球、接球是篮球比赛中队员之间有目的地转移球，它是组织进攻配合、实现战术的关键，是一切组织进攻的基础。传球应力求快速、准确、及时、到位和隐蔽。

1. 主要传球技术动作要点

（1）持球

双手自然分开，拇指相对呈八字，用指根以上部位握住球的两侧后下方，手心空出，两臂弯曲，肘关节下垂，持球于胸前。

（2）双手胸前传球

动作要点：两手握球于胸前，前臂稍前摆，用手腕和手指快速抖动将球传出。

（3）双手头上传球

动作要点：两手握球于头上，两肘和手心朝前。加强蹬地力量，摆动腰腹以带动小臂发力、手腕、手指用力前扣，将球传出。

（4）双手反弹传球

动作要点：与双手胸前传球基本相同，两臂向前下方用力，手腕、手指快速抖动传球。击球地点和力量大小要以球反弹后接球队员能顺利接到球为宜。

（5）单手肩前传球

动作要点：以右手传球为例：传球前，左脚向前跨半步，向右转体将球引至肩侧上方。传球时，上体向左转动并带动肩肘，前臂快速前摆，扣腕，手指用力将球传出。

（6）单手胸前传球

动作要点：持球方法与双手胸前传球相同。传球时，传球手的前臂快速前伸，手腕急促前扣，手腕、手指用力将球传出。

（7）单手反弹传球

动作要点：手法与单手胸前传球基本相同，只是手臂向前下方用力，球击地后，反弹给队员。

2. 主要接球技术要点

（1）双手接球要点

双手接腰部以上的球时，手臂伸出迎球，两拇指相对呈"八"字形，虎口相对，手指朝上。手指触球后，迅速收臂将球置于身前或体侧。

（2）单手接球要点

单手接球时，接球手自然伸出迎球，五指自然分开，手心对球。手指触球后，迅速收臂将球引至身前，另一只手迅速扶球。

（3）行进间双手胸前传球、接球要点

腾空接球时，左（右）脚落地后，右（左）脚上步，同时将球传出。

双手接球后，马上收臂后引，然后迅速伸前臂，抖腕出球。

3．传球、接球教法与练习方法

①教师讲解相关传、接球技术的动作要点并示范。

②学生按教师提出的要求练习。

③由原地练习逐步过渡到行进间练习。

④由无人防守到有人防守的练习。

⑤在比赛中运用各种传、接球技术。

（四）运球

持球队员在原地或移动中用手连续按拍，借助地面使球反弹起来叫运球。它是组织进攻经常采用的一项基本技术。

1．主要运球技术动作要点

（1）高运球

动作要点：抬头，目视前方，上体稍前倾，手按拍球的后上部，球的落点在身体的侧前方，球反弹高度约在腰胸之间。

（2）低运球

动作要点：抬头，目视前方，两膝深屈，身体半蹲，手按拍球的后上部，球的落点在身体侧面，球的反弹高度约在膝腰之间。

（3）运球体前变方向

动作要点：运球队员从防守队员右侧变方向时，用右手按拍球的右侧后上部，使球反弹到左手外侧，右脚迅速向左前跨步，向左侧转体探肩，及时换右手继续向前运球。

（4）运球背后变换方向

动作要点：运球队员从防守队员右侧变方向时，变向前一次运球，要把球控制于身体右侧后方，左脚前跨，右手按拍球侧后方，球经身后拍到左前部，右脚迅速前跨，换用左手运球继续前进，运球至胯下转身运球。

（5）运球后转身

动作要点：右手运球后转身时，把球运到身体后侧，按拍球的右侧前上部，左脚向前跨一步，以左脚的前脚掌为轴，右脚用力蹬地后撤做后转身动作，同时右手向后拉球，然后换左手运球。

（6）运球急停急起

动作要点：快速运球中运用两步急停，同时，按拍球的前上方，目视前方。急起时后位脚（或异侧脚）用力蹬地，上体迅速前倾，手按拍球的后上方，快速起动。

2. 运球技术的教法与练习方法

①教师讲解相关运球技术的动作要点并示范。

②原地运球练习。

③行进间无人防守下运球练习。

④逐渐提高速度的运球练习。

⑤几种运球技术的综合练习。

⑥在比赛中运用各种运球技术练习。

二、排球

（一）排球运动简介

排球运动是参与者在准备姿势、移动、起跳、滚翻和跃扑等动作基础上用手做发球、垫球、传球、扣球和拦网等动作组成进攻与防守的集体竞赛运动。

1. 排球比赛方法简介

排球比赛是两队各 6 名队员在长 8m、宽 9m，由一条中线分为两个均等的场区内进行比赛的运动项目。中线上空架有一定高度的球网。球网高度根据性别、年龄段不同而不同：成年男子排球为 2.43m，女子排球为 2.24m；少年男子排球为 2.24m~2.35m，少年女子排球为 2.00m~2.15m。比赛队员的目的是根据规则将球击过球网，落在对方场区内的地面上。

比赛是在第一裁判员鸣哨以后由后排右边的队员在底线后的任一处开始发球。每队可触球三次（拦网除外），以免球落地，同时将球击出，经过网区进入对方场区。一名队员（拦网队员除外）不得连续两次触球。

比赛应不间断地进行，直至球落地。发球队胜一球时，得一分，继续发球；接发球队胜一球时，则得一分，同时获得发球权；此时，该队队员必须按顺时针方向轮转一个位置。在前 4 局比赛中，一个队必须达到 25 分并且比对方高出 2 分时才胜 1 局。一个队在 5 局中先胜 3 局才算取得一场比赛的胜利。在第 5 局比赛中，一个队只需达到 15 分并且比对方高出 2 分时就算获胜。

2. 排球运动的特点

排球运动主要具有以下几个特点：

①广泛的群众性。

②激烈的对抗性。

③高度的技巧性和技术的全面性。

④攻防技术的两重性。

⑤严密的集体性。

（二）熟悉球性

熟悉球性是为了使初学者初步了解排球的重量、体积、软硬、弹性及人与球之间的关系等，对排球有一个比较直观的了解。通过一些围绕排球的基本练习和游戏，练习者尽快地消除学习排球的畏难心理，培养学习排球的兴趣，为进一步的技术学习打下良好的基础。

1. 单人练习

（1）自抛转身接反弹球

两臂前平举持球于胸前，放手，在球自由下落及反弹期间，练习者迅速转身 360°，然后接球。在规定时间里计成功接球次数。也可让几名练习者比赛，次数多者名次列前。熟练后可适当增加难度，如高跳转体再接球等。

（2）单手对墙扔球

单手持球于肩后上方，将球扔向 5m 以外的墙下部，待球反弹回来后接住球继续进行。扔球时，注意高点扔出，手腕控制好出球的方向。

（3）向上抛接球练习

向上抛球时，可以运用上手或下手，并可使身体做 90°、180° 旋转将球接住。同时，可以前后、左右移动抛球。将球抛出后，迅速移动至球的正面，将球接住。

（4）向后、向前抛接球

双手直臂向头后上方抛球，然后用双手在背后将球接住，再把球由背后向头上方抛出，最后将球接住，此为一个回合。在规定的时间里计成功接球次数。也可让几名练习者比赛，次数多者名次列前。

（5）原地起跳接空中球

把球垂直地抛向自己头部的前上方约 2m 高，然后原地起跳在空中最高处将球接住。起跳时，注意手脚配合协调。起跳的时机是球下落的瞬间，切忌过早或过晚。

2. 双人练习

（1）双人原地转圈抛、接球

两个练习者面对面而立，相距 3m 左右，在对方抛球时，自己先原地转一圈后将球接住。

（2）双人原地背向抛、接球

两个练习者相距 3m 左右，背向站立，一抛一接，反复练习。

（3）隔网抛接球

两人一组，隔网站立，一人抛球，另一人从端线后跑至球落点处将球接住。互相交替进行。

（4）接对墙反弹球

两人一组，一前一后面对墙。后者距墙 3m～4m，持球掷向墙壁；前者距墙 2m，将反弹球接住。互相交替进行。

（三）无球技术

无球技术是指排球运动中做击球动作前所必须进行的非击球技术动作。它主要包括准备姿势和移动步法。无球技术是排球技术中最容易被人们忽视的一项重要技术，它是完成各项击球技术动作的前提和基础，直接影响着击球技术和动作的质量。

1. 准备姿势

准备姿势是指为了便于完成各种技术动作而采取的合理的身体姿势。合理的准备姿势是指既要使身体重心处于相对稳定的状态，又要便于移动和完成各种击球动作，为迅速起动、快速移动及击球创造最好条件的姿势。按照身体重心的高低，准备姿势可分为半蹲准备姿势、稍蹲准备姿势和低蹲准备姿势三种。

半蹲准备姿势多用于接发球、拦网和各种传球。稍蹲准备姿势一般用于扣球助跑之前和对方正在组织进攻不需要快速反应起动的时候。低蹲准备姿势主要用于后排防守、进攻保护和拦网保护。

（1）半蹲准备姿势技术要点

①两脚左右开立，比肩稍宽，一脚较前。两脚尖适当内收，脚跟稍提起，膝关节保持一定的弯曲。

②上体前倾，重心靠前，腹部稍内收，膝的垂直线应在脚尖前面。

③两臂放松，自然弯曲，双手置于腹前。

④全身肌肉适当放松，两眼注视来球，两脚始终保持微动。

（2）稍蹲准备姿势技术要点

①两脚位置与姿势和半蹲准备姿势相同。

②身体重心较半蹲准备姿势稍高。

③两臂屈肘程度较小。

（3）低蹲准备姿势技术要点

①两脚左右、前后的距离更宽，膝部弯曲的程度更大。

②低蹲准备姿势较半蹲准备姿势身体重心更低，且更靠前。

③肩部垂直线过膝，膝部垂直线超过脚尖。

2. 移动

移动是指脚从起动到制动的过程。移动的目的主要是及时接近球，保持好人与球的位置关系，以便击球。

移动包括起动、移动步法和制动 3 个环节。移动步法包括并步与滑步、交叉步、跨步、跨跳步和跑步。

（1）起动

起动是指移动的开始动作。其技术要点是：

①在准备姿势的状态下，收腹并且上体前（侧）倾，使身体重心前（侧）移。

②重心降低并前（侧）移，使身体平衡破坏。

③身体向前（侧）抬腿，身体失去平衡而前（侧）倾，达到了起动的目的。

④起动时的主要动力来源于蹬地腿的肌肉爆发式的收缩。蹬地腿预先拉长的肌肉爆发力越大，起动就越快。

（2）移动步法

①并步与滑步。并步与滑步是同一类动作。并步是指短距离的脚步并列移动，滑步是指连续地并步移动。并步主要用于近距离地传垫球，滑步主要用于稍远距离地传垫球。其技术要点是：

a. 向来球方向跨出一步，另一脚迅速有力地蹬地并跟上呈准备姿势。

b. 并步移动时身体重心水平移动。

c. 当来球较远时，使用连续并步，即滑步移动。

②跨步与跨跳步。跨步与跨跳步是同一类动作。跨步是指向来球方向跨出一大步的移动方法，跨跳步是指在跨步动作的基础上伴有跳跃的技术动作。跨步主要用于接体侧、体前低且速度快的来球。其技术要点是：

a. 利用后腿蹬地力量，向来球方向跨出一大步，膝部弯曲。

b. 上体前倾，身体重心移至前位腿上，后位腿留在身后。

c. 跨跳步是在跨步的基础上，后位脚向来球方向蹬离地面，有一个腾空阶段。

d. 前位脚落地后迅速屈膝，后位脚及时跟上，同时降低重心，上体前倾，准备击球。

③交叉步。交叉步是指以腿部交叉的方法进行移动的技术动作。当来球距体

侧 3m 左右时，可采用交叉步。其特点是步子大、动作快、制动强。其技术要点是：

a. 上体稍倾向来球方向，远侧脚从近侧脚前面向来球方向交叉迈出一步。

b. 近侧脚再向来球方向跨出一大步。

c. 身体转向来球方向，成击球前准备姿势。

④跑步。跑步是指跑动击远距离球的技术动作。当球距离身体很远时，可采用跑步。其技术要点是：

a. 当来球在侧方或后方，可采用侧身跑或边转身边跑。

b. 当来球是在身后的高球时，可采用后退跑。

c. 跑动时，重心平稳，两臂要配合摆动，不要过早做击球动作。

d. 跑动到位后，控制身体平衡，成击球前准备姿势。

（3）制动

制动是移动的结束，也是击球动作的开始。在快速移动后，为了保持稳定的击球姿势，必须经过制动，克服身体移动的惯性，以便于完成下一个击球动作。制动可分为一步制动法和两步制动法。其基本技术要点是：

①制动时，在移动最后跨出一大步。

②降低重心，膝部和脚尖适当内转，脚掌横向蹬地，以抵住身体重心继续移动的惯性。

③以腰腹力量控制上体，使身体重心的垂直线停落在脚的支撑以内。

3. 无球技术练习方法

在学习各种无球技术的动作方法后，可进行准备姿势和移动步法的综合练习。练习中可变换位置、方向。

（1）步法练习

方法一：跟随移动练习。两人一组相对站立，一人跟随另一人做同方向的移动。

方法二：连续移动练习。以滑步及交叉步进行 3m 往返移动，并用手触两侧线。

方法三：综合移动练习。沿排球场半场边线、端线及中线进行综合移动练习，在一侧边线时运用向前跑，在另一侧边线时运用后退步，在中线时运用交叉步，在端线时运用滑步，可改变方向进行。

（2）结合击球动作的步法练习

方法一：结合传球动作的步法练习。并步移动后，做传球动作，左右连续进行。

方法二：结合垫球动作的步法练习。交叉步移动后，做垫球动作，左右连续进行。

方法三：结合传垫球动作的步法练习。向右并步移动后做传球动作，然后向左交叉步移动后做垫球动作，连续交替进行。

（3）结合接球动作的步法练习

方法一：两侧移动接球练习。两人一组，一人固定位置，抛球于另一人左右两侧，另一人以滑步或交叉步移动接球。

方法二：互相接地滚球练习。两人一组，相距约6m，各持一球，同时把球滚向对方体侧3m左右处，移动接球后再将球滚向对方，重复进行。

（四）垫球技术

垫球是排球技术中动作结构最简单的一项技术，初学者首先应该学习此项技术。垫球技术是排球比赛中使用次数最多的一项基本技术。只有掌握好垫球技术，才能在排球比赛中有效地增加击球次数。正面双手垫球是所有垫球技术的基础。

1. 正面双手垫球技术

垫球是通过手臂或身体其他部位的迎击动作，使来球从垫击面上反弹出去的击球动作。当面对接发球、接扣球和接低于腰部以下的来球时，通常采用正面双手垫球。正面双手垫球是利用双手小臂或手的坚硬部位，在腹前击球的动作。它是最基本的垫球技术，是各项垫球技术的基础，只有在掌握了这项技术以后，才能进一步学习和运用其他垫球技术。其动作由准备姿势、垫球手型、击球部位、击球动作和击球后动作五个技术环节组成。

（1）准备姿势

面对来球，呈半蹲或稍蹲准备姿势站立。在一般情况下，接发球和接应同伴来球时，使用稍蹲准备姿势；接扣球和接拦回球时，使用半蹲准备姿势。

（2）垫球手型

垫球手型是指垫球时手臂和手的动作方法。手的姿势通常有抱拳式和叠掌式两种。抱拳式是两手掌相靠，手指重叠，合掌互握，两拇指平行前伸，手腕下压。叠掌式是两手掌紧靠，两手手指重叠，合掌互握，手腕稍向下压，前臂外翻形成一个平面。垫球时手臂的姿势是两肩前耸，手腕下压，两臂伸直外翻形成一个平面。

（3）击球部位

垫球击球部位是指垫球击球时球触手臂的部位。垫球击球部位是在腕关节以上 10cm 左右的桡骨内侧平面。击球点在腹前一臂距离处。

（4）击球动作

当来球时，双手、双臂呈垫球手型；当球飞到腹前一臂距离时，两臂夹紧，含胸收腹，手臂伸直插到球下，向前上方蹬地抬臂，以身体的协调用力迎击来球，身体重心随击球动作前移。

（5）击球后动作

击球后动作是影响垫球质量的一个容易被忽视的重要环节。击球后，身体重心前移，继续向抬臂方向做送球的动作，使整个动作协调自然。

2. 基本垫球技术

（1）体侧垫球

体侧垫球是在身体两侧用双手垫球的技术动作。当来球的速度快、飞向体侧距离较远处来不及移动到正对来球方向时，常采用这种垫球方法。其技术要点如下（以右侧垫球为例）：

①左脚脚掌内侧蹬地，右脚向右迈出一步，身体重心随之移至右脚，右膝弯曲。

②两臂夹紧向右侧伸出，右臂高于左臂，左肩向下倾斜，两前臂形成一个侧平面。

③击球点在身体右侧腰肩之间，手臂击球面，对准来球方向。

④利用向左转腰和收腹的力量，配合两臂在体侧拦击球的后下部。

（2）跨步垫球

跨步垫球是向前或向侧跨出一步垫球的技术动作。当球距身体 1m 左右、来球较低或速度较快来不及正对来球时，可采用这种垫球方法。此技术动作在接发球、接扣球和接拦回球中广泛采用。其技术要点如下（以右手为例）：

①迅速向来球方向（向前或向侧）跨出一大步，屈膝深蹲，重心落在跨出的脚上，上体前倾，臀部下降。

②两臂夹紧伸直，插入球下。

③击球点较低，离身体较远。

④利用蹬腿抬臂的力量，垫击球的后下部。

⑤击球时保持身体平衡，击球后，后位脚迅速跟进，还原准备姿势。

（3）背垫

背垫是背对出球方向垫球的技术动作。背垫多用于接应同伴垫飞的球或将球处理过网。其技术要点如下：

①迅速移动到球附近。

②背对出球方向，两臂夹紧直插到球下。

③击球点在体前肩部位置。

④击球时，蹬地、抬头挺胸、展腹，直臂向后上方摆动，将球击出。

⑤击球后，手臂摆动的位置不能越过头顶。

（4）单手垫球

单手垫球是用一只手或手臂垫球的技术动作。当来球较远、速度快、来不及或不便用双手垫球时可采用，尤其在接扣球和接拦回球时运用较多。其技术要点如下（以右手为例）：

①右脚跨出一大步，迅速移动接近来球，身体向右倾斜。

②右臂伸直，由右后下方向前上方摆动。

③用前臂、掌根、手背或虎口等处击球的后下部。

④击球时，用屈肘和翘腕的动作将球平稳地击起。

⑤尽可能扩大手的击球面。

（5）挡球

挡球是用双手或单手在胸部以上挡击来球的击球动作。挡球可分为双手挡球和单手挡球两种。

双手挡球多用于挡击胸部以上力量大、速度快的来球；单手挡球多用于球较高、力量较轻、在头部上方或侧上方的来球。其技术要点如下：

①其手型有两种：一种是抱拳式，两肘弯曲，一手半握拳，另一手外包；另一种是并掌式，两肘弯曲，虎口交叉，两臂外侧朝前，合并成勺形。

②手臂屈肘上举，肘部向前，手腕后仰。

③击球时，用双手掌外侧和掌根所组成的平面在胸部以上挡击来球。

④击球瞬间手腕要紧张，用力适度。

单手挡球的技术要点如下：

①挡球时，手臂屈肘上举，肘部向前腕后仰。

②用掌根或拳心平面击球的后下部。

③击球瞬间手腕要紧张，如球较高，可跳起挡球。

第三节　健身健美运动教学与训练实践

一、体育舞蹈

（一）体育舞蹈的价值作用

体育舞蹈是一项以人自身为主题、以肢体运动为内容、以修炼身心为核心、以艺术创造为意境和以健与美为目标，融体育、娱乐、艺术、音乐和舞蹈于一体的新兴体育运动项目。它是在音乐的伴奏下，人体通过有规律的肢体运动和两个人的协调配合，创造出各种舞步和舞姿，用以描述情节、抒发感情、交流思想和增进友谊，最终达到强健身心、消遣娱乐之目的。这项将健身性、娱乐性、竞技性和观赏性融于一体的独特运动，以其强烈感人的艺术魅力和对身心健康及社会交往的促进作用，越来越受到人们的青睐，并且迅速被引入学校体育教学之中。实践证明，从事体育舞蹈运动与锻炼，具有以下诸多实用价值：

①可促进人的身心全面发展及身体各器官机能的改善与增强，提高人的协调性、灵活性、柔韧性和耐久力等身体素质，塑造优美的体形，培养良好的体姿体态，实现强身健体、自我完善的健与美的目的。

②体育舞蹈可作为医疗保健体育，对医治神经衰弱、关节炎等慢性病，矫治"八字脚""O形腿"和"X形腿"等先天性身体缺陷，纠正歪头、斜肩、窝胸和拱肩等不良体姿，无疑是比较好的医疗手段。

③消除疲劳，调节情绪，活跃身心，改善人的精神面貌，使人身心舒畅、性格开朗、心情愉快和精力充沛。这对减轻身心负担，提高学习与工作效率是很有帮助的。

④可陶冶美的情操，培养高尚的情趣，提高人的表现力及艺术欣赏能力，增强韵律感、节奏感和美感体验，培养文明、礼貌的行为习惯和高雅、庄重的行为举止，使人的个性魅力得到增强。

⑤可丰富人们的业余文化生活，提高生活质量。同时促进人际交往，增进相互间的了解，改善人际关系，增进友谊，提高人们的交际能力，培养团结协作、互帮互学的精神。

（二）体育舞蹈的分类

体育舞蹈的内容是纷繁复杂的，从总体上可按练习的目的和作用来分类。因为不同练习的目的和作用反映了该练习自身的特点和规律。据此，我们可以将体育舞蹈分为两大类：一类是普通体育舞蹈（一般性的），另一类是国际体育舞蹈（竞技性的）。

普通体育舞蹈的特点在于普及性、流行性、实用性和自娱性，其内容广泛，动作简单，能迅速地反映大众精神和娱乐需求的更新变化，比较适合初学者学习。而国际体育舞蹈的特点则在于竞技性、准确性、规范性和表演性，没有经过专门基础训练的人是难以学好的。

（三）体育舞蹈的评审与裁判

体育舞蹈比赛主要分为锦标赛、公开赛和邀请赛等。一般比赛设裁判员5~7名，区域性比赛可设裁判3~5名，裁判人数必须是单数。裁判员必须熟悉比赛规则，具备良好的音乐和舞蹈素养，大型比赛应由全国体育舞蹈组织颁发的裁判员资格证书的人员担任。

体育舞蹈的比赛场地规格一般为23m×15m，运行方向原则上必须按照逆时

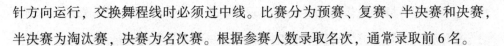

针方向运行，交换舞程线时必须过中线。比赛分为预赛、复赛、半决赛和决赛，半决赛为淘汰赛，决赛为名次赛。根据参赛人数录取名次，通常录取前6名。

另外，根据国际惯例和体育舞蹈协会的规则，体育舞蹈比赛一般分为专业组和业余组。专业级比赛分公开级和新秀级，一般来说，在公开赛上获得过名次的选手不能参加新秀级的比赛；业余组的比赛分为公开级和新人级，在业余公开级获得名次的选手不能参加新人级的比赛。

业余选手比赛按年龄分为不同的组别：中年组——男40岁以上，女30岁以上；常青组——男50岁以上，女45岁以上；青年组——男女均为14岁至18岁；少年组——男女均为14岁。体育舞蹈比赛常用的计分方法分为英式顺位法和日式顺位法。通常经过预赛进入复赛的选手为参赛总对数的2/3，经复赛进入半决赛的选手应是1/2，经半决赛进入决赛的对数只能是国际规定的6对选手。裁判用"对号"的方法选出应进入下一轮比赛的选手，依此类推，最终判定前6名的名次。

体育舞蹈主要按照以下几个方面来评分：选手的基本技术为40%，其中有脚步动作、姿态、手臂稳定和移动各占10%；对音乐的表现为20%；对体育舞蹈风格的表现为15%；体育舞蹈编排为10%；临场表现为10%；现场效果为5%。半决赛评分比例：基本技术为15%；音乐表现为25%；舞蹈编排为25%；临场表现为20%；现场效果为15%。若参赛者对所赛舞种风格展示不鲜明或舞程方向不完全正确，应将其名次排列在最后；若参赛者临场表现、发挥较逊色，将影响名次的晋级。若参赛者中途间断或停歇，其舞种得分应排至最后名次。一般参赛选手临场发挥较好，能控制动作，其节奏、平衡、配合均良好，那么，他的动作幅度越大，取得的名次就越好。

另外，根据国际体育舞蹈比赛的规则和我国体育舞蹈协会的要求，选手在比赛时应做到以下几点：一是足部动作及各种步伐的方位、角度和脚与地面接触部位必须准确；二是不同舞种的握持动作、运动过程中的姿势准确、漂亮；三是舞伴之间用力得当，动作能保持平衡、稳定，在完成高难度动作时保持身体平衡、稳定，移动是由身体带动的，不只是脚的动作，且移动要流畅；四是对不同舞蹈的节奏，表现要清晰、准确，对各种不同音乐的风格应有很好的理解，并且能很好地体现音乐的风格和情调；五是能细致地区别各种舞种之间在风格、韵味上的差别，在表现各舞蹈风格的同时，能体现出舞者的个人风格；六是舞蹈的编排、动作要流畅、新颖，能体现舞种的基本风韵，并符合音乐的风格及结构；七是有良好的临场表现，临场发挥好；八是赛场效果，舞者的气质，出场、退场的总体形象良好。

此外，根据规则要求，每个舞种都有各自的特定要求。

华尔兹舞——要求足部运动正确，在前进或后退中能突出主动腿的推动。男女舞伴的身体必须保持重叠2/3，并在运动过程中始终保持身体的接触。在移动过程中，必须强调身体的移动要流畅、连贯，在运动中身体起伏，表现出华尔兹的雍容华贵、荡漾起伏的风格。

探戈舞——要求舞伴间相握手臂屈肘的夹角应小于90°，身体重叠1/2，男女舞伴的接触从横膈膜到膝盖，即使在做难度动作时也不能分开。运动时应走弧线，动作强调顿感、挫感及内在的力度，体现探戈豪放潇洒的风格。

狐步舞——握持及身体的接触同华尔兹，应注意狐步的跟掌关系，要起伏平缓，跳出狐步的悠闲、轻松和流动感。

快步舞——握持及身体的接触与华尔兹相同，动作要协调一致，跳步时流动要轻快、流畅。

维也纳华尔兹——握持及身体的接触与华尔兹相同，运动中身体应出现倾斜、升降和摆荡的特点，在左转退步时必须有锁步，动作雍容华贵并有轻快的流畅感。

伦巴舞——音乐4/4拍，音乐的第2拍为脚步的第一拍，重拍在第4拍。

恰恰舞——步伐应利落、紧凑，舞蹈要求风趣、俏皮。

牛仔舞——音乐为4/4拍，做动作时脚下要有符点，胯的运动为左右摇摆并与脚的重心相反，舞蹈要求活泼、自由。

桑巴舞——音乐为2/4拍，注重音乐的切分，步伐要有弹性并准确地运用髋关节前后左右的自然摇摆，舞蹈体现欢快、奔放的风格。

斗牛舞——音乐为2/4拍，动作干净利索、有力度，要有西班牙斗牛士的阳刚之气。

二、健美操

（一）健美操的概念

健美操是一项以有氧运动为基础，以健、力、美为特征，融体操、舞蹈和音乐为一体的身体练习。它按照全面协调发展身体的要求，组编成操，在音乐的伴奏下，达到增进健康、培养正确体态、塑造美的形体和陶冶情操的大众健身方式，也是竞技运动的一个项目。

1. 健美操的特点

（1）健身美体的实效性

健美操是包括多种训练内容及综合性的体育活动，是以人体解剖学、运动心理学和体育美学等多种学科的理论为指导，以达到健身、健美和健心之功效。因此，它的动作内容丰富。成套的健美操一般都包括身体各个部位的运动，与基本体操相比，健美操对人体各关节灵活性的锻炼更加突出，它不但选用了徒手体操中的基本动作进行艺术加工，而且吸收了舞蹈、武术和技巧等艺术性较强的动作加以改编成为适合健美操风格、特点的动作，使每一单个动作都具有针对性，每一套操都有一定的运动负荷，对人的身心影响较为全面。因此，参加这项运动锻炼可收到健身美体的实效。

（2）鲜明的节奏感和韵律感

健美操音乐不仅具有节奏，而且还具有欣赏价值。与艺术体操相比，健美操更强调动作的力度，因此它的音乐节奏鲜明强劲，风格热情奔放。健美操音乐多取材于迪斯科、爵士和摇滚等现代音乐和符合上述特点的民族乐曲。

（3）广泛的群众性和科学的针对性

健美操是时代的产物，它给人们带来热情奔放的情感体验，符合现代人追求生活质量和自娱自乐的需要，因此深受广大群众的喜爱。同时，由于健美操的运动负荷和难度可以自行选择，所以，又适用于不同人群参加锻炼。

2. 健美操的锻炼价值

（1）增进健康美

健美操是通过它特有的动作内容和方法来实现健康美这一目标的。

（2）塑造形体美

形体美是由身高、体重和人体各部分的长度、围度及比例所决定的，由于健美操动作是根据人体解剖结构进行创编的，练习者可根据自身的条件，有选择性地进行练习，塑造自己理想的形体。健美操强调动作的姿态和幅度，通过训练能矫正不正确的姿势，培养优美端庄的体态。

（3）提高身体素质

健美操运动是一项对人体有全面影响的身体练习，能使身体各部分肌肉得到发展。经常参加该项运动可使肌肉、韧带的弹性得以提高，从而发展人体的柔韧素质，特别是可以提高耐力素质。因此，健美操锻炼对全面提高身体素质有着特殊的作用。

（4）培养协调性

健美操运动可以协调人体各部分的肌肉群，使人体匀称和谐发展，塑造美的形体。

（5）陶冶情操

健美操是在音乐的伴奏下，融体育、舞蹈和音乐之美为一体，体现了人体、音乐、动作、造型和动态的美，具有丰富的美学内涵。通过健美操练习，能培养正确的审美观和健康的审美情趣，发展审美意识，提高审美能力。

（6）终身体育

健美操的练习方式丰富多样，内容新颖、独特，具有时代性，符合年轻人的生理和心理特征，因此能引发练习者的兴趣。经常性地进行健美操锻炼，在养成锻炼身体的习惯和培养体育健身意识的同时，为终身体育打下良好的基础。

（二）健美操教学方法

健美操教学方法是指在学校健美操教学中，为了完成健美操的教学任务，提高教学质量，教师所采用的措施和方法。教学方法是根据教学内容、任务与学生的特点来确定的。健美操教学方法的合理使用是教师完成教学任务、学生掌握动作技术和技能的前提与保证。

1. 领跳法

领跳法也就是带操，由教师在前面带领，学生跟着做，常用于每堂课的热身练习和准备活动。采用对称动作设计，内容简单易学，使学生在练习过程中能很快掌握，达到预期的教学目的。运用这一教法应注意以下几点：

①镜面示范与背面示范相结合。镜面示范是使学生看清手臂动作的细节和用力的顺序；背面示范是使学生在身体部位、动作方向、动作路线和身体姿态等方面，建立正确的动作概念和肌肉感觉。

②要用激发性的正确语言进行提示并配合手势动作，调动学生的练习情绪，同时养成学生眼看、耳听和脑记的好习惯。

③教师示范要正确优美，具有感染力。

2. 完整法与分解法

完整教学法是对健美操一节动作或一套动作完整地进行教学的方法。分解法是将一个较复杂或复合动作分为几个部分进行示范讲解。例如，先示范讲解下肢动作，然后再示范上肢动作，最后再组合在一起练习，其目的是使学生更清楚地了解动作，掌握动作。

运用分解示范时应注意以下几点：

①进行分解示范时，应采用背面示范（必要时可朝其他方向示范）并将速度放慢，同时要求教师动作要规范、优美和熟练，使学生对动作有个全面的概念。

②分解动作时，可先示范下肢动作，待下肢动作掌握后，再示范上肢动作，最后配合手进行练习。

③学习简单动作时采用完整教学法，学生进行模仿练习。

④学习复杂动作时，采用分解练习法，可先做腿部动作，再做手臂动作。

⑤较为复杂的动作，放慢动作速度，还可采用静止姿势，以体会动作的做法，加强学生的本体感受，建立正确的动作概念。

3. 激情法

在健美操教学中，可在教学生学习新动作之前，用一种直观的教学方法，激发学生学习新动作的愿望。

激情法一般采用以下两种方法：

①音乐激情法。在教新动作之前，教师可先放一段优美、动听和节奏强劲的音乐，并且引导学生如何去听音乐的节奏、速度，了解音乐的风格，从而达到激发学生情绪的作用。

②动作激情法。在教动作前，教师可以配上音乐，用规范熟练、充满活力的动作，把教学的部分内容或全套动作演示给学生，使学生得到美的感受，产生一种强烈的学习新动作的愿望。

4. 分段练习法

分段练习法是指在健美操教学中，将所学套路分解成若干段进行练习，以加深每个段落中单个动作的印象。在进行分段练习时，可先不用音乐伴奏，用速度慢的口令进行练习。这时应要求学生尽量将动作做规范，动作幅度做大，力度表现出来。待动作熟练后，再配合音乐进行练习。

5. 提高法

在健美操教学过程中，教师运用各种形式的口令及手势提高动作的要求，使学生能够在教师的提示下顺利地完成一段不熟练的动作。提高法一般分为手势提高法和口令提高法。

（1）运用手势提高法应注意以下问题

①教师运用手势要果断，使学生一目了然，能够马上理解手势的意义，使动作练习不间断。

②手势要注意时机，要在学生上一节操还没有完成时对学生进行手势提示，使学生能够很快想起下一节操的动作。

（2）运用语言提高法应注意以下问题

①语言提高时机要准确，要在关键动作及动作变化时提高，并且要与音乐节奏相符合，使学生听起来易于接受。

②语言要具有感召性和鼓励性，使学生能在愉快轻松、积极向上的环境下进行练习。同时，可以增强学生的自信心，尤其要适当使用鼓励性口令，例如，"加油""很好"等，以激励学生的学习兴趣。

思考题

1. 田径运动有哪些特点？

2. 中长跑有哪些主要技术环节？

3. 简述篮球主要运球技术动作要点。

第六章　新时代体育教学的创新

导　读

新课程改革深入推进与深化的环境背景下，高校相关体育教育工作者，应在实施教学活动中，实现教学方式的革新，以教学思路和方法为切入点，进行优化创新，以提高体育教学成效，为提高学生体育素养以及综合素养水平提供平台，从而进一步为学生的可持续发展奠定良好的基础。

学习目标

1. 明白新时代高校体育发展的重要性。
2. 了解互联网与现代体育教学的关系。
3. 掌握体育教育教学与专业课程的应用发展。

第一节　高校体育教学新思路

一、当代大学生体育发展新要求

当前体育呈现了前所未有的全新发展态势，对于高校体育教育来说，应如何把握新时代下体育的新特点，利用好这个教育平台，培养学生的体育能力，是值得我们深思的。

（一）新时代下体育呈现的特点

1. 体育向身心和谐方向发展

未来社会的快节奏、高时效、高技术密集型的生活方式，使人们心理紧张加剧，体力耗能降低，体脑倒置。为补偿这种偏差，缓解脑力紧张，人们对体育活动的要求提高。因此，体育的趣味性增加。人们可以从身体活动中得到美感，享受身体的愉悦，体育的自然性增强。

2. 健心健脑的、新型的运动项目出现

因为信息共享，富于民族特色的运动项目得以流传。另外，未来社会向脑力型转变，体育必将适应社会需求随之发生相应变化，以提高心力、培养脑力为主要目标，兼顾体力耗能的运动项目将日益受到欢迎，如球类、赛艇等。新型的运动项目可能被创造出来，如电子游戏、虚拟情境下的运动等，都可能发展为新的运动项目。

3. 体育的形式多样化

流行性社会所提供的信息共享，使人们能很快接收各式各样的运动形式，只要感兴趣就可学习，通过媒体传播，形成一阵热潮，如我国曾出现过的气功热、呼啦圈热等。同时信息社会的灵活性、自由性，使大众能各取所需、各尽所能，按照自己的意愿活动。因此自我体育增加，个体化明显。有共同兴趣的小团体活动增加，家庭体育活跃。非竞技体育蓬勃发展。

（二）大学生体育能力的培养方向

体育能力是一种特殊能力，它是由知识、技术、技能和智力构成的一种个性身心品质的综合体。这一综合体，在体育运动中表现出来，就是能顺利地、成功地完成一系列体育活动的实践，并逐步形成和提高。

1. 身体锻炼能力的培养

随着我国体育的社会化、终身化，经济的不断发展，越来越多的人进行身体锻炼，这就给高校体育提出培养大学生具备独立进行体育锻炼能力的问题，使他们走上社会后，能够更好地进行自我身体锻炼，并充当家庭和社会的指导者。为此，必须在高校体育中加强对他们身体锻炼能力的培养。

2. 开拓创新能力的培养

发展学生个性与提高学生的心理素质，与培养学生开拓创新思想和能力有着极其密切的关系。在体育教学活动中，学生是主体，进行各种身体活动、游戏竞

赛，并通过人与人的频繁交往，人的兴趣、性格和气质等个性心理特征容易表现出来，这对培养和发展良好的个性心理是有利的。

3. 组织和管理能力的培养

为了培养学生的组织管理能力，在体育课和课外体育活动中，按照明确的计划，尽可能地让学生自己去做，充分发挥每个人的积极性，协调地进行工作，以此来培养他们的组织管理能力，如尽可能让学生承担校办运动会的各项工作事务。

4. 保健能力的培养

学生自我保健能力的培养，既是体育教学中的一项任务，也是增强体质的需要，同时，也反映一个国家和民族文化教养的程度和社会的良好风尚。每个人都应该有讲究卫生自我保健的行为和习惯，为此，教学中要使学生自己能运用所学的课程知识，掌握和控制运动量、运动负荷，防止在教学中产生伤害事故，同时，还必须培养和提高学生在做练习时的自我保护能力。

（三）新时代下对学校体育教育的几点建议

未来体育的发展，对学校体育提出了挑战。未来学校体育如何适应社会、适应体育的发展？多数业内人士认为，未来学校体育的整体战略思想是：面向社会，以身心和谐为前提、以终身体育为方向、以快乐体育为主体，进行健康教育，达到人的全面发展的目的。

①培养未来社会意识。通过学校体育培养学生的平等参与意识、公平竞争意识、创新应变意识。培养竞争能力与拼搏精神及应变能力与创造能力。

②系统学习体育知识，精修一、二项终生项目。高校教育强调系统学习体育知识，任意普修各项运动，精修一、二项项目，初步掌握怎样进行健康（体力、心理）诊断；怎样制定运动处方；怎样实施身体锻炼的基本技能。组织学生体育小团体，培养共同兴趣。

③加强科研工作，把身心问题研究、体育与心脑功能的研究、未来技术手段与体育教学的研究，作为学校体育科研尤其是体育心理学、运动生理学体育教育学研究的重要方向。

④顺应未来高等教育的潮流，强化体育系学生的通识教育，提高学生整体素质尤其是文化素质，培养信息意识，即培养应用信息技术的能力，掌握信息科学方法及信息科学思想观念，提高运动学习指导的能力。

⑤充分利用现代技术、手段，加强在职教师尤其是体育教师的继续教育和学习。

总之，未来社会科技手段的发展，深刻地影响着人们的生活，亦将对体育产生相当深远的影响，学校体育更是首当其冲。

二、高校体育教学发展新思路

我国高校体育课程改革可在广泛吸取国际课程改革经验的基础上，进行基于核心素养的高校体育课程改革探索，以拉近与国家课程改革与发展的距离，使高校体育课程改革和人才培养主动与国际接轨，提升我国人才的国际竞争力。

（一）核心素养的内涵

核心素养溯源于 20 世纪 80 年代，发展至今，在美、英、欧盟等国家的核心素养与课程体系呈多元融合模式，应有效地将核心素养融入人才培养的课程之中，以增强本国人才的国际竞争力。核心素养是关于学生知识、技能、情感态度和价值观等多方面能力的要求，是个体适应未来社会、促进终身学习、实现全面发展的基本保障；核心素养强调的不是知识和技能，而是获取知识的能力，是学生应具备的适应终身发展和社会发展的必备品格和关键能力；核心素养是根据人的全面发展，注重"提升学生能力水平，促进学生全面发展，适应社会需要"的教育，解决培养什么人的问题。核心素养更适应当前社会对人才的全面发展和综合能力的要求。核心素养融入课程体系，需要明晰核心素养与学科能力之间的对应关系，因为其对于教材编写、指导教师课程实施和学生能力培育具有明确的导向作用。

核心素养融入课程体系主要包括具体的教学目标、教学内容标准、教学建议、教学资源、学业质量标准等内容。在构建基于核心素养的课程体系时，需要清楚几个关系：具体的教学目标与学业质量标准是学生核心素养的具体体现；教学内容标准与教学建议促进学生核心素养的形成；学业质量标准是教学结果导向的标准；教学内容标准是教学过程导向的标准。教学过程标准促进学生核心素养的形成，教学结果标准体现核心素养的具体要求。核心素养即培养和逐步形成学生适应社会发展和个人终身发展必备的品格和关键能力，它既包含学生的自主发展方面，又包括学生社会参与和文化修养方面。

（二）核心素养给予高校体育课程改革的启示

1. 课程改革取向与社会生活价值有效统一

正确的社会生活价值观是乐观积极融入社会、推动社会发展的前提条件。高校体育课程的教育目的是健身育人。高校体育在人的智力发展、身体塑造和健全人格方面均有效果，是一种综合效应的表现。因此，高校体育课程改革的取向是促进学生终身学习，培养全面发展的人才。高校所培养的人才，最终是要走向社会、融入社会生活，并要发挥推进社会发展的作用，因此，培养能适应社会生活和社会发展需要的人才是高校所肩负的责任和使命，高校体育自然责无旁贷。应将社会生活价值观融入高校体育学科核心素养教育之中，使高校体育课程改革的取向与社会生活价值观相统一，发挥高校体育课程在学生核心素养铸就中的角色担当。

2. 突出个体需要与社会需要的有效融合

个体终身发展与社会发展需要是培养学生核心素养的终极目标，两者是一脉相承的，没有截然的界点。我国党的教育方针是培养社会主义建设的接班人，在宏观层面提出了人才培养的方向性要求。学生终身发展所需的品格和必备能力，实则是在社会发展这个大环境中得以实现的。通过教育，逐渐形成学生的核心素养，是一个动态发展的过程。体育课是学生自幼儿园至高校学习过程中陪伴学生成长时间跨度最长和课程变化趋于稳定的一门课程，致力于健身育人，满足个体在成长中的体育需要。体育课程是一门社会化和国际化的课程，从其项目的规则、内容和组织形式来看，与个体终身发展和社会需要的核心素养是内在一致的。因此，在高校体育课程中，要更加关切突出学生个体终身发展需要和社会发展需要的有效融合。

3. 核心素养与学科核心素养的有效衔接

核心素养指向的是学生适应社会发展和个人终身发展所需的品格和必备能

力，是抽象而又客观存在的。学科核心素养是核心素养的具体化，服务于核心素养的实现，核心素养是学科素养的目标指向。高校体育课对学生健全人格、意志品质和社会适应方面有着特别的含义，是学生在高校体育学习过程中形成的基本知识、能力、态度和情感、价值观、方法等的综合表现，包括运动能力、健康行为和体育品质等方面的内容。因此，有效地将体育学科核心素养与核心素养进行科学衔接，是有效铸就学生核心素养的关键环节。

（三）基于核心素养的高校体育课程改革思路

1. 明确教学目标，促进学生个性发展

在传统的体育教学中，教师通常将培养学生的运动技能和身体素质作为体育教学的主要目标。在核心素养引领下，高校体育课程改革应将培养学生的体育核心素养作为首要目标，在教学过程中注重对学生运动能力、健康意识和社会适应能力的培养。

首先，在教学目标设定时应注重学生个性发展。随着我国经济社会的不断发展和教育改革的深入推进，"以人为本"已经成为当代教育理念的核心。坚持健康第一的教育理念，把全面提升学生健康素养纳入高质量教育体系，作为学校教育重要目标和评价标准，深化学校健康教育改革，夯实学校卫生条件保障，构建高质量学校卫生与健康教育体系，促进学生身心健康、养成健康生活方式，培养德智体美劳全面发展的社会主义建设者和接班人。高校体育课程改革不仅要注重学生运动技能、身体素质等方面的发展，还应将对学生社会适应能力的培养纳入课程目标中。其次，在教学过程中应注重激发学生学习兴趣和主动性。在高校体育教学过程中，教师应充分尊重学生个体差异性和身心发展规律，通过激发学生学习兴趣、引导学习兴趣等方式促进学生个性发展。例如：在田径类项目教学过程中，教师可根据项目特点和实际情况选择不同难度、不同距离的项目进行教学。对技能要求较低的项目采用较小强度或中等强度完成技术动作；对技能要求高、距离长或速度快的项目采用中等强度或较大强度完成技术动作。此外，教师还可以通过开展课外体育活动等方式激发学生学习兴趣。通过丰富教学形式和手段来调动学生学习积极性、主动性和创造性，从而提高教学效果。

2. 以知识为基础，促进学生创新精神和实践能力的发展

体育课程教学是一项系统的工程，必须以知识为基础。体育教学中，学生知识、技能的掌握是体育课程教学的基本目标，同时也是学生形成健康行为与健康生活方式的基础。因此，以知识为基础的体育课程改革要求教师在教学中要突出重点，精讲多练，把有限的课堂时间投到最重要的教学内容上。

在教学实践中，教师要善于引导学生掌握基础知识、基本技能，并注重提高学生运用所学知识解决实际问题的能力。学生通过学习能够掌握一定的运动技能和方法技巧，形成积极的运动态度。在掌握技术动作、方法技巧的基础上，教师要加强对学生运用所学知识解决实际问题能力的培养。例如：在排球技术教学中，教师应从如何建立完整技术动作概念和技术动作细节入手，分析排球技术动作中各部分之间的关系；然后再分析各个部分所起到的作用及实际运用中的作用。教师要从教学实际出发，灵活运用所学知识，将教学内容与学生实际情况相结合，真正使学生掌握排球技术。

在体育教学中，教师应充分利用现有教材资源、场地设施设备等条件，创新教学方式方法。例如：在篮球、足球等项目教学中，教师可采用情景模拟法、小组讨论法、多媒体法、演示法等进行教学。教师在课堂上应注意因材施教。对于基础较差的学生可采用示范讲解法或直观演示法；对于基础较好的学生可采用情景模拟法或小组讨论法。对于身体素质差或有伤病的学生应采用多媒体教学等方法，培养他们自主学习、善于思考和勇于创新的精神。

3. 以运动为核心，促进学生健康意识与行为习惯的养成

健康是人类的永恒追求，大学生正处于生理、心理等多方面发展的关键时期，他们对运动和健康的需求尤为迫切。在核心素养的引领下，高校体育课程应以运动为核心，在教学中强调运动与健康的重要性，以学生健康意识和行为习惯的养成为目标。

首先，高校体育课程改革应立足于运动能力提升，强化体育课堂教学。体育教师应根据不同学生的运动能力差异，采用不同的教学方法，开展有针对性的教学。如针对体育成绩相对较好、运动能力较强的学生，应侧重于基本体能和基本技术的教学；而对体育成绩相对较差、身体素质较差的学生，则应侧重于技能教

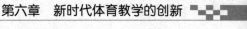

学。其次，高校体育课程改革要树立终身体育观念，增强学生参与体育运动的积极性。高校体育课程应将运动技能教学作为培养学生终身锻炼意识和习惯的重要手段。教师应根据学生不同层次、不同爱好、不同需求为学生安排适合其发展需要和兴趣爱好的运动项目，使学生能够自主选择喜欢的运动项目进行锻炼。同时，在教学过程中要加强对学生运动技能掌握情况的评价与考核，增强学生对体育锻炼重要性和必要性的认识。

4. 注重教师队伍建设，加大师资培训力度

教师是教育改革的主力军，教师队伍建设是体育课程改革的根本保证。要想促进体育课程改革，就必须培养一批具有核心素养的体育教师。要提升高校体育教师的教学水平和教学质量，首先要提高高校体育教师对体育教学规律和学生成长规律的认识水平，积极探索适合大学生发展的教学模式，改变传统单一的教学方法，为学生提供更多选择空间。其次，要提升高校体育教师对学生发展核心素养的认识，树立以学生为本的教育理念。在此基础上，加大高校体育教师培训力度，为提高教师专业素质和教育水平提供有效途径。最后，要完善高校教师考核制度，提高高校体育教师工作积极性和主动性，进而提高高校体育课程改革水平。

第二节 "互联网+"与现代体育教学的关系

一、互联网体育信息的传播特点

伴随我国信息产业发展的不断加速，以互联网为主要特征的体育信息传播方式逐步成为社会大众了解和掌握体育信息的主要手段。据调查了解发现，在互联网信息查询和浏览中，体育信息所占的比重越来越大，由此也说明体育信息传播已经成为互联网站信息咨询的重要组成部分。点击查询国内众多互联网站，发现在各类网站中，体育信息的相关咨询和服务内容都是主要大型互联网站不可缺少的栏目内容，而且伴随人们对于体育赛事和体育新闻的关注程度不断提升，体育已经成为人们了解外界和获取休闲娱乐方式的主要途径之一。

（一）体育信息的传播特点

目前，我国体育信息传播表现最为突出的依然是新浪、搜狐、网易和腾讯等大型互联网站。通过对这些网站体育新闻的跟踪和调查，我们发现这些网站在体育信息传播方面都具有一些共同的特征，具体表现在以下几个方面。

1. 体育信息摄取和传播频度的快速性

新闻信息最大的特点就是快，和传统报纸媒体相比较，网络信息传播在传播时效方面所具有的优势是报业媒体所无法比拟的。各大型网站在完成信息的采集和处理之后，可以在短短的几秒钟之内从世界的任何一个角落传播到另外一个角落。这种高效率的传播途径使大众可以在第一时间获取到任何体育信息，包括赛事状况。对于赛事而言，有95%左右的信息浏览人员都希望在第一时间甚至同步了解到赛事的状况，而不是之后的几个小时，大众对于信息及时性的要求迫使互联网站在体育信息的获取时必须做到高效。另外，面对世界范围内的各种赛事及体育明星的重大信息，都必须第一时间告知世界每一个角落的体育爱好者，所以各大网站在体育信息更新方面频率非常快。在体育信息更新频数方面，基本上各大互联网站都能做到事件发生的同步更新。

2. 体育信息的高度互动与参与性

对于任何一个网站而言，免费的信息获取需要网站承担较大的支出，为了在收益方面有更卓越的表现，就有必要了解大众对于信息的兴趣程度和关注程度，所以几乎所有的网站管理人员都会对自己网站发布的信息参与和浏览人数进行及时的统计和分析，如某一项体育赛事结束之后，对于赛事的结果和赛事的过程，很多支持者和关注者都会对赛事进行评论，互联网站就可以通过评论的频率、评论的次数等信息了解到关注人员对体育信息关注的方向和趋势，这对网站的体育信息传播提供了重要的参考数据。

3. 网站体育信息的娱乐化

伴随体育功能的多元化发展和市场经济对于体育所赋予的价值，体育的休闲娱乐功能在大众生活中体现得越发明显。因此，互联网站在体育信息传播中也具有明显的娱乐化趋势。以前的网络媒体受人们观念的影响，在体育信息报道中，主要集中在体育赛事的状况，这和传统媒体的风格是完全一样的。随着体育市场的不断发展，人们对于体育信息的获取更多的关注点在于体育文化传播、体育娱乐、体育健身、体育精神、体育明星、体育传奇色彩等方面的内容上，这就要求网络媒体在信息选择上要注重对这些信息的挖掘，使信息的趣味性、可阅读性更符合大众的口味，所以带有故事情节的各类报道逐步占据了体育信息传播的大多版面和章节。体育信息娱乐化发展已经成为当今媒体报道的主流趋势。

4. 体育信息的自由选择性

相比较报业媒体而言，互联网信息的容纳数量是巨大的，任何一个网络用户都可以轻松地在各大网站搜寻到自己感兴趣的体育信息，这种便捷性在传统媒体中是无法实现的。传统媒体由于受到版面限制，信息容量相对较小，这就使网络信息传播在市场角逐中更胜一筹。比如，对于赛事密集的奥运赛事和足球世界杯，人们可以根据自己的喜好选择自己关注的比赛和体育明星。另外，传统媒体缺乏必要的相互沟通机制，而网络媒体为每一个用户都提供了便捷的沟通渠道，用户可以通过博客、微博、微信等方式参与相关信息的传播，让大众在可选择的空间内享受快乐。

5. 体育信息传播的共享性

即便在网络媒体快速发展的今天，任何网站也不可能将所有的体育信息都及时地采集到，这需要传统报纸、电视台及其他互联网站的配合才能共同发展。所以在面对各种大型体育赛事时，这种媒体之间的相互协作就显得尤为重要。与媒介之间的相互配合和资源共享已经成为当今体育信息传播的重要手段。

（二）体育信息传播功能技术特点

互联网是目前国际上使用最广泛的网络，也是未来信息高速公路的雏形，它的发展代表着当今网络信息服务的水平。互联网的主要功能如下。

1. 信息传播

所有用户都可以把信息任意输入网络中，用户可互相交流，传递各种文字、数据、声像信息。对于体育运动来说，大量动态信息通过压缩传输有快捷、准确、方便的特点，可以大大加快体育信息的传播速度，给体育科研提供了非常有利的条件。

2. 电子邮件

这是通达全球范围的电子邮件服务系统，不受时间限制，快速、经济，用户只需要按照网址发一封电子邮件即可得到邮件服务，为体育资料的获取提供了便利周到的服务。

3. 网上专题讨论

这一功能使体育各学科之间进行网上国际学术交流成为可能，不必为进行学术交流长途跋涉，耗费人力、财力，而且高效、迅速、方便。目前，在网上运作的体育专题已超过 2000 个，国际奥委会（IOC）、国际体育信息协会（IASI）、奥委会组委（OCOG）、国际单项体育联合会（IF）、国际业余田径联合会（IAAF）、国际篮球联合会（FIBA）、国际足球联合会（FIFA）、国际排球联合会（FIVB）、国际棒球联合会（IBAF）、国际业余游泳联合会（FINA）、国际体操联合会（FIG）、世界羽毛球联合会（BWF）、国际冰球联合会（IIHF）、国际举重联合会（IWF）、国际柔道联合会（IJF）等体育单项联合会都在网上设有专题讨论。如要获取该专题领域信息，只需按照网址即可进入检索查询。另外，一些单项运动训练和体育管理、体育新闻、体育咨询、运动营养科学、运动器材设施研制、兴奋剂检测等也都有专题，几乎涉及全部体育领域，给体育科技工作者提供了丰富的研究内容和大量有科研价值的体育信息。体育科研学术论文亦可在网上发表，并在国际上寻找同行的科研合作，给体育科研创造了优越的科研环境。

4. 资料查询和检索

该网设有计算机联机图书馆中心（OCLC），存储了所有入网国家和地区图书馆和科研机构的文献资料，包括几十万张光盘和几亿张目录卡片上的信息。在网上可获得 OCLC 的信息服务。从体育文献到世界体育科学大会论文专集都可查询，还可获得文件拷贝服务。体育期刊是刊登体育科学学术论文的重要媒体，在网上通过 Uncover 可阅读 400 多种体育期刊，并有 17000 多种科技期刊提供各类科技信息和服务咨询，实现了科技和体育信息资源全球共享。

5. WWW 和超文本服务

WWW 是万维网（World Wide Web）的简称，即环球信息网。它是国际互联网络提供的信息服务，是在 Internet 网上方便用户进入和使用网络的应用方式。它使用的两种数据交换模式即"超文本传输协议（HTTP）"和"超文本标记语言（HTML）"，实现了在文件中的自由跳跃查阅，省去了先退出再进入文件的烦琐程序。环球信息网提供的信息分别按信息内容分类建立主页（homepage），是通过 WWW 可以访问的信息网页。需要查找的信息在网上有专门的网页浏览器（web browser），还有资源地址标识 URL，网页查询代理网址为 http：//www. net-mind com，方便用户查询。

二、互联网在高校体育教学中的优势

"互联网+"是创新 2.0 下的互联网发展的新业态，是知识社会创新 2.0 推动下的互联网形态演进及其催生的经济社会发展新形态。"互联网+"是互联网思维的进一步实践成果，推动经济形态不断地发生演变，从而带动社会经济实体的生命力，为改革、创新、发展提供广阔的网络平台。

"互联网+"是把互联网的创新成果与经济社会各领域深度融合，推动技术进步、效率提升和组织变革，提升实体经济创新力和生产力，形成更广泛的以互联网为基础设施和创新要素的经济社会发展新形态。在全球新一轮科技革命和产业变革中，互联网与各领域的融合发展具有广阔前景和无限潜力，已成为不可阻挡的时代潮流，正对各国经济社会发展产生着战略性和全局性的影响。

推进我国"互联网+"行动的总体思路是，顺应世界"互联网+"发展趋势，充分发挥我国互联网的规模优势和应用优势，推动互联网由消费领域向生产领域拓展，加速提升产业发展水平，增强各行业创新能力，构筑经济社会发展新优势和新动能。坚持改革创新和市场需求导向，突出企业的主体作用，大力拓展互联网与经济社会各领域融合的广度和深度。着力深化体制机制改革，释放发展潜力和活力；着力做优存量，推动经济提质增效和转型升级；着力做大增量，培育新兴业态，打造新的增长点；着力创新政府服务模式，夯实网络发展基础，营造安全网络环境，提升公共服务水平。

互联网在改变着一个又一个的传统行业的产业链的同时，又创造了一个又一个新兴的市场生态圈。互联网与教育的结合同样如此。

（一） 互联网在高校体育教学中的作用及价值

1. 互联网在高校体育教学中的作用

（1） 有能力提高服务效率，提升"成本—收益"率

高校体育资本投入最大的两部分是人力资源投入和场馆建设与维护投入。其他还有部门基本办公经费和高水平运动队建设专项，以及一些较少的阳光体育专项等。

体育场馆建设是一个学校的门面，投入巨大，是公共体育投资成本的最大占比，事实上体育场馆的利用效率一直不高，从成本收益分析的角度看，利用效率不高就意味着项目收益不佳。成本一定的情况下（大规模场馆建设已经完成）只能提高效益，具体到学校场馆资源就是提高场馆利用效益，也就意味着提高使用率和单位活动的价值，这也必然要求增加服务性支出，而基本办公经费无力提供这笔支出，同时由于学校对于体育场馆经营管理的桎梏，也无法通过经营收益来改善。既然无力支出那就只有降低支出这一条路。通过"互联网+"可以降低这部分服务性支出金额，从而提高场馆资源的总收益。

"互联网+体育"能充分发挥互联网的高效、便捷优势，提高体育资源利用效率，降低服务消费成本，从而综合提升学校公共体育投入的成本收益比。

（2） 有能力提升课程质量

以教育信息化带动教育现代化，是我国教育事业发展的战略选择；信息技术对教育发展具有革命性影响，必须予以高度重视；从学校学生的角度讲以慕课等为代表的网络课程正极大地拓展着课程的边界，各级各类学校也都在加强网络教学的建设，网络课程可以极大地丰富学生获取知识的途径，特别是对体育理论知识的获取更为丰富，理论知识与实践知识的结合必将大大提高课程质量，改善体育教学长期存在的"重实践、轻理论"现象，让学生更深刻地感受到体育教育的"人文性"价值。"互联网+"理念于传统教学中，推动传统体育课堂教学的开放与创新，实现知识的互联与共享，优质教育资源通过网络平台，公平地传递给每一个学生，实现学生自主学习、自我发展的愿望，进而提高学生自我管理能力，提高体育教育的育人效果。

（3）有能力提升学生体质健康水平

高校体育作为学校体育的收官之战，应加深学生对运动与健康相关专业知识的理解，运用"互联网+"技术避免"蜻蜓点水"与"低级重复"，也是体育作为终身教育的手段之一。通过"互联网+"可以更深入地讲解与运动相关的知识，如心血管耐力与心血管疾病的相关性，关节活动度、肌力与慢性疼痛的相关性，体成分不合理与癌症和代谢性疾病的相关性，加深学生对"缺乏运动会导致或加重某些疾病的发生与发展"的认识，尤其是帮助那些缺乏运动的学生，掌握运动相关科学知识，为自己量身打造适合自己的"个性化运动处方"，进而培养学生自主运动、终身体育的生活方式。这些目标依靠传统体育课程，依靠增加传统投入都无法解决。

（4）有能力提高课余体育发展

互联网，特别是通过手机访问互联网，已经成为大学生生活中极其重要的组成部分。在课堂之上，就有不少学生偷偷地玩手机，下课之后，更是抱着手机不肯撒手，真正实现了"从睁眼到闭眼"的陪伴，体现了对手机强烈的依赖。不夸张地说，手机上网，已经成为如今的大学生群体中，最重要、最常见的课余活动，其占据的时间比例，远远超过了课余的体育锻炼。

同时，手机在大学生的社交之中，扮演着非常重要的角色。众所周知，"朋友圈"已经是很多手机用户展示自己、进行泛化社交的重要窗口，对于青年学生而言更是如此。他们乐于通过手机进行"线上社交"，其重要程度甚至超过了日常生活中真实接触的"线下社交"，对在校学生的情绪、动机、心智影响都非常明显。学校在对学生学习特点进行深入了解后，尝试结合"互联网+"的思路，搜索了一些开展课余体育的方法：例如，某校的院、团委、学工系统都有自己的微信公众号，在学生中有了一定影响力。同时，学工系统、团委系统及下属的各个学生社团，本身就具有对学生的组织和引导作用，作为体育教师，并不需要另外再创建一个体系，只需要运用好这些平台即可。比如，定期推出"运动之星"栏目，图文并茂地介绍那些在课外体育活动中表现优秀的学生，对于他们是一种极大的精神鼓励。又如，结合青年人热衷网络社交、发朋友圈的特点，主动协助、引导他们把课余体育运动与发朋友圈"打卡"相结合。如鼓励学生在跑步之后，对跑步软件记录的轨迹截图，并在微信群里发布；一个月内跑步里程超过

40km、80km、100km 的同学，由学校体育社团颁发电子版的"毅力证书"，便于学生在网络社交中使用，起到正向激励的作用。更重要的是，由学校体育部定期组织体育教师，通过线上直播、短图文、小视频等形式，利用碎片化的时间，对学生的运动进行指导，纠正学生运动中的一些不规范动作。这样，不仅提高了个体的运动表现，更能让学生建立对运动的认同感和对学校的归属感，效益良好。

（5）有能力提升校园体育文化建设

校园体育文化建设与发展依然是我国高校体育工作的一个重要方面，要解决这一问题需要新技术手段——互联网的介入，在互联网的平台下实现学校各部门的协同配合，形成常态化管理，要积极克服其在新时期所面临的困难与挑战，找出问题的根源所在，提出应对性方案，并以全新的视角与理念来审视当前大学生日益增长的校园体育文化需求，促使我国高校校园体育文化朝着"定位准确、内容丰富、形式多样、国际化"的方向发展，使其在全面提高大学生体质健康水平，培养学生体育新理念与构建和谐高校校园的过程中发挥更加务实的作用。

2. 互联网在高校体育教学中的价值

（1）提高体育教学的直观性

高校体育专业课程是一门以实践为主的课程，但体育专业课的理论性也很强。特别是一些竞技性很强的课程，如篮球、足球、跳远等都是常见且理论性很强的课程。例如，球队球员一般要求每天都要练习打球，但不是只依靠练球就能取得好成绩，一个球队能否取得好成绩，除了依靠球员的能力以外，还与技战术有关。技战术通常是竞技性体育项目决胜的一大重要的因素。但是，面对的对手不同，需要应对的技战术就不同，一劳永逸的技战术是不存在的。对于一名体育教师来说，如果要想自己所带的校球队在赛事中取胜，就需要让球员学会分析对手的技战术，然后选择应对的技战术。了解对手一般是通过收集对手的资料，对其技战术进行分析，从而制定相应的应对战术。传统的分析都是带队的体育教师做的，球员只需要听取带队教师的分析就可以。而利用数字化资源，球队可以将与对手的比赛拍成视频材料，教师只需将对手的视频材料每人发一份，告诉每个队员如何去分析对手，观察对手的技战术，每个球员都可以直观地感受到对手的技战术，从而可以建立起更为有效的对抗战术，以便更好地在与对手的角逐中获胜。同时，这样的资料还可以保存下来，形成其他球队信息资料库，让球队对其

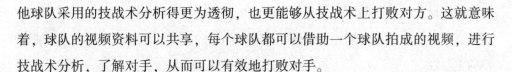

他球队采用的技战术分析得更为透彻，也更能够从技战术上打败对方。这就意味着，球队的视频资料可以共享，每个球队都可以借助一个球队拍成的视频，进行技战术分析，了解对手，从而可以有效地打败对手。

（2）互动性强，激发学生兴趣

数字化的体育学习资源非常丰富，既可以是单纯的文字、图像、声音和视频等资料，也可以是综合性的资料。教师可以根据学生喜好选择学生感兴趣的教学资料，这些资料可以是学生感兴趣的格式，也可以是学生感兴趣的内容；这些体育学习资源可以是从互联网上收集的，也可以是体育教师自己制作的。通过发送这些资料给同学，形成可以相互交互体验的课件资源。这样，教师可以借助与学生的资源共享，及时与学生进行沟通，为学生进行解惑答疑。同时，学生之间也可以借助这些数字化的体育学习资源，形成学生之间的交流，从而可以将一些比较有效的经验在学生间分享，激发学生参与的兴趣，可以让学生从中学习到更多的知识。

（3）提高体育专业教学的有效性

传统的体育课堂上，每上一节体育课，体育教师需要就所要学习的动作和学习内容，不厌其烦地进行讲解和说明，对一个动作示范了又示范，希望学生能够认真抓住动作要领，准确地将动作的美传递出来。如果体育教师动作讲解不到位，或者学生在课堂上没有抓住要领，而体育教师也没有发现的话，就会造成部分学生没能掌握要领，做出的动作不仅难看，韵律感还不强。还有的体育教师自己对某些动作都没有掌握到位，给学生做出了错误的示范，就会造成全体学生对某个动作形成错误的表象，影响体育课教学效果。因此，从传统体育课的角度来看，体育教师一旦出错，就会造成一错俱错的局面。体育教师任何一个环节没有注意到，都可能造成学生对动作理解不到位，影响动作的准确表现。而借助数字化体育学习资源，教师可以通过视频观察自身在动作方面的缺陷，及时予以改正，尽可能避免不准确动作在课件中出现；学生可以通过动作定格将某个动作要领掌握准确，还可以通过认真分析达到举一反三的目的。学生的学习经验还可以通过数据共享在同学中传播，帮助其他同学学习，有利于提高体育教学效率。

（4）提高学生自主学习的能力

学生通过自己的移动终端设备学习体育，带有很大的自主性和灵活性。只要有网络的地方，随时随地就可以学习，学生利用碎片化的时间学习体育课程，可以提高学生单独学习的能力，锻炼学生自主学习的能力，增强学生对体育专业学习的主动性。

（二）高校体育教学中互联网技术的优势

随着科技的不断发展，互联网已经成为现代社会中不可缺少的重要组成部分，它正在不断地改变着人们的方方面面。互联网技术就是指"运用计算机技术，把文本、图形、静态图像、动画、声音和动态视频等进行集成处理，并对它们进行获取、压缩编码、编辑、加工处理、储存和展示"。它具有集成性，控制性、交互性和实时性的特点，因此被广泛地应用于教学之中。当然，体育教学也不例外，必须与互联网技术相结合才能实现真正的教学改革。目前，在体育教学中引入计算机辅助教学，各种自动化软件和网络交流工具，提升了课堂教学教书育人的效果，但还存在很多需要完善的地方。要实现体育教育的现代化，需要领导和体育教师同时重视互联网先进技术的应用，并敢于在互联网技术与体育教学的结合上创新。互联网教学以其鲜明的教学特点，丰富的教学内容，生动的教学情境，在体育教学中得到了广泛的应用。在提高学习兴趣，突破教学重、难点，建立清晰的动作表象，克服教师自身缺陷，丰富学生体育保健与常识方面起到传统体育教学不可替代的作用，达到事半功倍的效果，突破了时间与空间的限制，大大开阔了学生的知识领域和视野，不断激发学生的创新思维。随着素质教育的不断深入，现代化教育技术以较快的速度进入课堂教学，特别是互联网教学的合理应用，使课堂效率明显提高。互联网技术在体育教学中的作用，具体表现在以下几个方面。

1. 增强体育教学的直观性、趣味性

通过多媒体集文字、图像、动画、视频、声音为一体的强大功能，改变传统的教学情景，增强体育教学的科学性、直观性、趣味性，使学生能够掌握解决问题的新方法，对学生的心理产生积极的影响，满足他们的求知欲，激发他们的学习兴趣。例如，球类战术配合教学时，学生在配合教师进行战术示范时花费很多时间也达不到预期的教学效果。运用多媒体游戏软件进行辅助教学，如采用"NBA"中文版篮球游戏软件，此篮球多媒体游戏光盘，可在竞赛规则允许的条件下随意设置比赛环境，凸显个性，能够毫不费力地将基本战术配合表现出来。伴随有声有色的动画场面和软件强大的"3D"比赛录像功能，肯定能引起学生极高的兴致。课外活动时，学生可以模仿练习，在球类比赛实战中，也能够做出精彩的战术配合，使学生有成就感，大大提高他们的学习兴趣。

2. 提高学生的理解能力和创新能力

学习是一个认识的过程，而理解是学生掌握知识的重要阶段。综合运用互联网教学手段，创设情景，把体育教学中的教学内容形象化、具体化，变动为静，变快为慢，突出重点和难点，有利于学生正确理解比较复杂的、抽象的技战术要领。例如，在跳高、跳远、投掷教学中，由于示范动作瞬间完成，学生看不清动作的全过程，如果利用室内课时间，将助跑、起跳、腾空、落地整个技术环节的全过程用多媒体手段演示出来，就能加深他们对动作要领的理解，增强学生的理性认识，并通过问题的研究和知识的创新，充分发挥他们的创造力。

3. 克服教师自身的缺陷

教师的个人喜好、特长、性别、年龄等因素直接影响着体育课的教学，运用多媒体有利于更好、更全面地进行体育教学，提高教学效果。在实际教学过程中，教师本身并非全能。例如，有些教师特长是篮球专业，因身体条件因素教授单杠、双杠等体操动作就难以完成；又如女教师柔韧性好一些，传授一些技巧动作、舞蹈动作就较好，而男教师力量性好，对球类比较喜欢，动作技术也较好；而随着教师年龄的增长，有些年轻时能做好的动作（像背越式跳高），年龄一大就做不好或做不成了。教学中充分利用互联网课件，克服教师在示范动作时的不足，更重要的是多媒体课件能够把教师做不好或做不清的动作环节表达清楚。这样一来教师在制订教学计划时，就会从全面发展学生各项素质的角度出发，而不受自身因素的影响。同时，制作课件的过程加深了教师对各项技术的理解和认识，提高自身的知识水平和讲解技术要领的能力，更重要的是解决了传统教学中解决不了的难题。

4. 突出教学重点、突破教学难点

互联网是应用计算机多媒体技术，以其鲜明的图像、生动的画面、灵活多变的动画，以及音乐效果来优化教学过程的一种新型教学辅助手段。运用与教学内

容紧密相连的成品课件或教师根据教学需要自己设计制作的课件来解决教学中的重、难点问题易如反掌。在以往体育与健康知识的教学中，抽象的知识往往以语言描述为主，即使使用一些挂图、模型等直观手段也显得较为呆板。比如，多媒体课件利用二维、三维等空间的设计，全方位地剖析难点，化难为易，加快了学习速度，提高了学习的效率；又如，在教"投掷铅球"这个动作时，其教学难点在于最后出手动作，如果由教师和学生来实地示范，同学们很难体会到最后如何用力，技术动作也不容易被学生理解，但用多媒体课件就完全不同了，清晰的画面可以是连贯动作，也可以是分解动作，还可以把速率放慢，学生看后一下子就明白了最后出手动作应如何来做。

5. 有助于体育课堂教学方法的创新

体育教学的重要教学任务在于使学生通过掌握一定的运动技巧后，自己可以灵活地运用并加以创新，提高身体素质。在每次上课前，教师要求每个学生都要做好相关的预习，并提示哪些是重、难点，强调强化练习。通过多种平台方式对比，大多数教师会选择用 QQ 语音网络的方式去讲课，考虑如果学生网络条件不好，QQ 语音也会留下教师上课的痕迹，学生可重复听，做到教学信息不断流。为了提高课堂效率，教师还可以课前要求学生录制好复习动作视频，通过云班课举手和随机选人形式要求学生进行视频展示，并组织学生进行讨论，最后教师进行点评和纠错，并在云班课平台给予学生经验值。这样一举几得，不仅节省了线上教学的时间，让课堂更加紧凑，还提高了学生的自学能力，更帮助学生答疑，起到了很好的教学效果。

第三节 高校体育教学中现代教育技术的应用

体育校本课程是学校依据本校的教育与教学理念以及师资状况自主研发与设计的产物，是国家与各个学校在课程权利再分配方面的具体表现，其要求学校及设计参与者具备充分的自主性与创新性。然而，当一些学校在独立面对新出现的体育校本课程时，无论是校方还是作为课程实践中介者的体育教师，都表现出极大的抗拒性心理与不适状态，甚至无所适从，主要体现在体育教师的体育学科课程意识及主体间交流上呈现的保守色彩。从网络技术在高校体育教学中的应用发展分析、微视频高校体育理论教学实践探索、翻转课堂背景下体育校本课程文化的反思与重建的角度出发，深入对高校体育教学方向研究。

一、网络技术在高校体育教学中的应用发展分析

网络技术应用于高校体育教学中的过程伴随高校计算机网络硬件的普及与更新，以及多媒体网络体育教学资源的丰富，特别是随着网络技术的发展，目前我国越来越多的高校在开始运行或已经准备运行自己的校园网体育网络教学平台。

（一）网络技术应用发展特点分析

高校校园网的体育网是开展体育网络教学平台建设的网络技术平台，高校校园网的体育网是基于校园网站的基础上建立的，高校校园网中体育网平台的建设情况直接决定了该校是否具备建设体育教学网络平台的基础。目前，我国高校校园网中的体育网的建立已经得到了全面的普及，其中我国高校校园网的体育网的网页数量较多，但已开通的体育教学主页的内容相对过于单一，体育教学信息的更新速度普遍较慢，体育教学栏目的建设也不够完善。且有部分高校体育网的主页仅仅局限于运用简单的文字与图片进行概括，没能应对自身高校所开设的体育教学的有关专业进行多层分类的网络进行建设，其中能够利用高校体育网络平台进行开发教学功能的高校还是相对较少。未来高校的体育网中建设网络教学平台的数量和特别是质量都有很大改进空间，且高校对体育网络教学平台功能的开发是当今我国高校深化体育教学运用网络技术的核心关键。

1. 网络技术在教学中的应用发展的特点分析

网络技术应用于高校教学的快速发展和产生，是以网络技术为核心，通过运用网络平台实现高校师生之间的教学辅助功能的过程，与传统模式下的高校体育教学相比，高校体育教学的信息化、智能化，是计算机网络技术、信息技术高速发展的必然结果。学校开展体育网络化教学，需要建立一个完善的体育教学相关的管理系统，包含体育教学管理系统和体育教学资源管理系统以及体育课堂教学的网络管理系统等，从而实现基于互联网的信息化、智能化的体育教学环境。丰富的体育教学信息资源，提高网络技术应用能够有效地整合各方面的体育教学资

源，实现高校体育教学信息资源的及时整合与分享。

网络技术应用于高校体育教学，使高校体育教学更加适应时代发展的需求，也是现代信息化社会发展对高校教学发展的需求。网络技术应用于高校体育教学提高了高校体育教学中的学习效率，这也是网络时代背景下学生接受知识的学习方式之一。体育知识的更新频率高、时效快等特点，使传统模式下的体育教学方式很难适应网络时代发展的需求。通过运用网络技术到高校的体育教学中，可以让学生接触到新的体育科学知识信息。

高校体育教师教育理念的转变对体育教学中学生锻炼兴趣的培养、高校体育教学的发展起着至关重要的作用。高校体育教师通过正确、合理、高效地利用网络技术和互联网的资源，不但可以提高自身获取体育知识与更新体育教学的能力，而且可以通过网络技术的强大功能探索出未来新的体育教学模式，培养出适应当前网络时代下信息化社会所需求的新型人才。网络技术在体育教学的应用补充了传统模式下体育教学的不足，优化了传统模式下体育教学的效率。

2. 师资队伍建设下的网络技术应用

当前高校体育教师教学中应用网络技术有了许多具体实例，高校体育教师多数倾向于在体育理论课上应用网络技术手段，而在大多数的体育实践课上体育教师由于受到一些客观条件的影响，在教学过程中应用网络技术的情况相对并不多，甚至有的体育教师在体育教学过程中从未使用过网络技术，这些因素局限了高校体育教学信息化的发展。高校体育教师在体育教学中运用网络技术教学，需要高校体育教师能对网络技术以及计算机多媒体网络运用都能够全面掌握，目前国内高校的体育教学中都已经配备网络平台的多媒体教室，高校的计算机的数量以及校园互联网的全面覆盖已经得到了很好的保障，所以高校体育教师对体育网络多媒体教学平台以及计算机网络技术的运用有着良好的环境支持。通过网络技术应用于体育教学的相关师资队伍的建设现状，可以看出影响高校体育教师在体育教学中应用网络技术的主要原因是体育网络教学资源平台与高校网络化的教学硬件设备的建设情况以及高校体育教师自己运用网络技术相关软件的能力有直接关系，相关高校体育教学的网络应用软件较少和高校有关的政策扶持力度不足也在不同程度上影响高校体育教师在体育教学中运用网络技术。目前高校体育教学的网络技术环境主要是指在体育教学的教学实践活动中所涉及的标准化和系统化的网络技术硬件教学设施与环境。其中，实现体育教学过程中教学信息的呈现与教学资源实时共享有利于教学过程中学生积极主动地参与和协作讨论。

目前高校体育教师需要在网络技术方面进行规范化和系统化的教学培训，高校学生也应得到网络技术运用的相关课程的学习。增加建设多媒体教学的网络教室以及配置现代化教学网络设备的高校体育场馆，高校体育教学网络平台建设的情况直接影响高校体育教学资源的使用率。目前，高校体育教师自行开发的体育教学课程相关的体育教学课件较少，通过网络技术进行体育教学管理的水平有待于提高，体育教学网络平台应用下的应用体系还需要完善。

（二）网络时代应用的发展对策分析

1. 高校体育教学改革的发展需要

高校的体育教育是高等教育的重要组成部分，而高校现代化体育教学又是高等教育现代化发展重要组成中的重要环节，同时高校的体育教学在大学生接受高等教育的过程中肩负着全面提高高校学生的身体素质等重要使命，为现代化的素质教育发挥重要的作用。网络技术在高校体育教学中的应用为改变传统模式下高校体育教学提供了技术上的支持和保障，同时也为高校体育教育工作者在未来信息化教学的发展带来了更好的机遇。

建立和完善高校体育教学网络技术应用平台的环境，需要加大高校计算机网络硬件设施的投入，加强高校校园网中体育网的建设，良好的高校体育教学网络技术平台环境是建设现代化高校体育教学的基础，其中包含了标准化的网络技术设施和系统化的教学软件。随着网络时代背景下网络技术的快速发展，以及高校已经基本普及的网络多媒体教室和大量的体育教学网络应用软件，高校的体育教学网络技术平台的应用环境得到较好的硬件保障，具备良好的教学环境可以及时促进高校体育教师在体育教学中更好地应用网络技术来完善高校的体育教学。但是通过访问调查发现，国内大多数高校目前仍面临网络设备以及多媒体网络教学硬件数量不足以及高校校园网中体育网建设的功能不够齐全和相关体育教学软件开发较少等方面的问题，上述高校所面临的问题如果得不到及时解决，将严重阻碍高校体育教学现代化教学的发展。因此，为保障未来高校体育教学水平的提升，必须要采取必要的执行措施，设计可行的方案从根本上来解决高校体育教学网络技术平台环境建设所遇到的问题。

网络技术在高校体育教学中的应用发展，有利于高校体育教学模式多样性的发展、基于网络技术下的网络多媒体体育教学平台在高校体育教学中的应用，为高校体育教师提供了更方便体育教学的环境与更方便师生间沟通交流的途径，丰富的网络多媒体体育教学课件资源能够有效地克服高校体育教师自身的局限，弥补高校体育教师在体育实践课的讲解示范的规范性，提高高校体育教学效果。传统模式下的体育教学缺少对学生体育技能的培养，网络技术的应用可以根据不同学生对不同体育项目的不同需求，有针对性地进行教学。网络技术可帮助高校体育教师实现体育知识的及时更新与完善，使高校体育教师可以了解最新的体育学科动态，掌握国内外最新体育教学的相关信息，促进了高校体育教师的创新意识以及教学能力和教学理念的提高。

2. 除旧革新提高教学管理的质量和效率

在高校体育传统的教学方式中，较多是以体育教师课堂讲述的形式，其中多依赖于体育教师的板书以及静态投影图等单项式教学。这种传统的教学模式形式和方法比较单一，教学过程中运用的教学技术相对落后，使高校体育课程的教学效果受到了局限，没有得到应有的发挥。网络多媒体技术是集各种网络信息载体平台技术，通过网络技术把图文以及视频动画等影像进行体育教学信息的整合，是网络技术应用于高校体育教学的重要表现方式之一。在体育教学课件中应用网络多媒体技术，从而辅助高校体育教学，已经得到了高校体育教师的广泛认可，可以针对高校体育教学的特点发挥其特有的优势，结合不同体育教学中实际教学网络软硬件设施的具体情况，应用相对体育教学课件制作软件进行网络多媒体课件的制作。

网络技术在体育教学中的运用，有利于克服体育教师自身因素的局限，引用与相关体育课程所需的体育运动项目的标准示范进行整合运用到教学中，这样不但不会因为体育教师自身年龄增长等身体技能的退化而受到影响，反而可以更好地利用体育教师本人对该运动项目多年的体育教学实践经验，以达到更高标准的体育教学水平。

高校体育教学中运用网络技术，在改变传统体育教学模式的过程中无论是从教学理论还是从教学实践方面都发挥了巨大的作用。高校体育教学通过运用网络技术对体育教学进行充分的优化和改革，有利于优化体育教学课堂的结构，提高学生在体育教学中主动学习的积极性，有效地提高高校体育教学质量，弥补了传统体育教学模式的不足，使体育教学中运动技术训练更加科学和高效，以利于体育教学中学生学习自主性的提高和培养学生终身体育意识规范化的确立，网络多媒体技术在更新高校体育教师的体育教学理念、提高高校体育教学的质量、学生在体育教学中提高学习效率都起到积极的作用。网络技术在体育教学管理工作中系统化的功能应用，以及完善高校校园网中体育网的教学服务功能，给高校的体育教学工作带来了全新的教学思维。高校通过体育教学网络管理软件系统，为高校体育教学提供了智能化的课程管理服务，使高校体育教学的复杂的管理工作简单化，把原本复杂的人工选课改进为智能的网络选课，传统的人工手动收录的体育教学信息工作量大而且错误率高，改进为网络一体化后，有效地提高了工作效率和准确率。

3. 加强网络技术的普及与相关师资队伍建设

高校体育教师是高校体育教学过程中的指引者和实践者，高校体育教师是否具备现代化的教学技术运用理念直接影响高校体育教师自身的教学行为，高校体育教学中网络技术的应用使传统模式下的体育教学理念和方式上都发生了转变，有效地促进未来高校体育教学的改革和推动高校体育教学现代化的发展。高校体育教师在高校体育教学中运用网络技术辅助教学需要突破传统体育教学理念的束缚，不断促进高校体育教师体育教学理念的提升，有利于高校体育教师在网络教学技术等专业技能的提高，有效地建立现代化体育教学的教育理念，使高校体育教师对体育教学的效果以及教学模式和方法的提高有准确积极的思想指导。因此，高校体育教学中体育教师对网络技术在高校体育教学中所发挥的具体作用，要有准确的高校体育教学理念进行指导，才能在高校的体育教学中提高教学效率，有效保障教学质量和实现现代化教学。

各大高校应及时出台相关激励措施，激励高校的体育教师积极制作应用网络多媒体的体育教学课件，并加强高校体育教师有关网络技术的培训和学习，从而结合先进的体育教学技术研发更多适合未来高校体育教学所需的课件，尽快提高高校体育教学课件运用网络多媒体的质量，节约体育教学成本，避免高校体育教学资源的浪费，各大高校还应及时配备网络技术以及体育教学技术的专业研发人员与体育教师共同研发来保障高校体育教学现代化发展的需要。

建立科学化智能化的体育教学网络管理系统，将有效地优化高校体育教学的管理工作，随着高校体育教学中网络技术的广泛运用，实践过程中将产生一些问题，如果得不到及时的解决，将严重影响高校的体育教学现代化水平的发展。建立一套智能化的体育教学网络管理系统，可以有效地保障网络技术在高校体育教学中广泛地运用和发展。高校的智能化的体育教学网络系统是网络高校体育教学的重要组成部分，是高校提高现代化体育教学技术的关键，是高校提高体育教学资源利用率和提高体育教学管理水平，为未来高校体育教学实施科学化和智能化管理的有效保障。

高校应及时建立完善的体育教学网络技术应用的管理激励制度，为高校体育教学更好应用网络技术提供完善的保障体系，高校的体育教学管理制度应随着网络教学技术的不断发展进步及时进行更新，从而不断地完善高校体育教学管理体系。高校为保障现代化的体育教学技术的运用，需要重视高校的教学网络管理系统，及时采取应对措施，完善体育教学网络管理系统的建设，要及时建立应对高校体育教学现代化教学技术运用的有效的激励制度，如设立行之有效的奖励措施，以及纳入高校的评定考核中等方法，积极利用运用网络多媒体技术制作的体育教学课件开展教研活动，对优秀的体育教学课件及时给予相应的奖励，充分调动高校体育教师在体育教学中运用网络技术的积极性，使高校体育教师及时掌握新的现代网络教学技术，从而积极促进高校体育教学现代化的发展。

二、微视频高校体育理论教学实践探索

微视频高校体育理论知识点是指由高校体育理论整体中的"重点"、"难点"、"疑点"和"热点"知识内容构成的高校体育理论知识系统及其构成关系的总和。

（一）微视频教育理念下的高校体育理论构建

1. 微视频高校体育理论知识点介绍

微视频高校体育理论知识点构建首先对高校体育理论的教学内容进行整理与归纳，形成完整的高校体育理论知识体系，把不同的知识模块碎片化分解为多个

可以在5~8分钟时间内完成教学的知识单元或知识颗粒，按照知识点重要性、难易程度、适用性对分解出来的知识点进行筛选，根据高校体育理论的教学内容模块划分进行重组，形成知识点系统。微视频高校体育理论知识点构建集中解决"哪些高校体育理论的内容适合制作成微视频学习资源"的问题，是微视频资源建设选题、内容构成和微视频开发制作的重要前提。

2. 微视频高校体育理论知识点构建的基本构成

（1）微视频教学的保障依据

微视频教学要求教学内容的选取聚焦"重点"、"难点"、"疑点"和"热点"，在微视频高校体育理论知识点构建过程中需对不同知识点进行多轮次的筛选，使学生在有限的时间内最大限度地掌握课程教学的核心部分，为微视频教学质量与学生学习效果提供保障。

（2）微视频教学鼓励学生自主学习

微视频高校体育理论教学通过网络教学平台开展在线教学，学生以自主学习的方式完成高校体育理论的学习。自主学习的方式要求学习资源本身要具有很强的适应性，微视频教学要求教学内容是课程的重点和难点，但是过难的教学内容给学生造成了过大的学习负荷，不利于学生理解、完成知识内化。高校体育理论中的重点和难点知识，会因不同体育项目的竞赛组织与编排的内容、方法、要求、操作等不尽相同，且内容程序复杂，相较之下此部分内容的适应性降低，显然不符合学生自主学习的特点及要求，此部分内容不宜采用微视频教学。

（3）微视频教学培养终身体育思想

微视频高校体育理论教学坚持"健康第一"的思想，以学生"终身体育"习惯的养成为人才培养目标，微视频高校体育理论知识点构建的内容系统构成、教学规划、教学设计以及不同内容的教学设计与安排应符合高校体育理论教学的整体性和阶段性的特点，真正开展分层教学。在高校体育理论的指导下，激励学生多元化的体育参与，在运动负荷与运动中非预设性因子的刺激下加强身体锻炼，掌握1到2项运动技能，养成终身体育的习惯。

（二）"互联网+"视域下微视频在高校体育教学中的应用特征

1. 精致化教学

"互联网+"视域下，可应用微视频在满足教学过程的基础上，利用生动形象的图片、文字及音频使高校体育教学内容更完整，提升高校体育教学质量。

2. 短时间教学

大学生可以利用课间或者日常碎片化时间练习基本动作，结合自身需求更认真地学习专业课程的知识内容，使高校体育教学过程更加全面和完整。除此之外，体育教师还可以借助互联网适当地增加一些自媒体视频、滤镜、文字以及图片等，吸引大学生的兴趣，提升大学生体育学习的积极性。

3. 内容的针对性强

在高校体育教学引入微视频可使教学内容更加具备针对性，将不同体育知识划分为不同的模块，让模块内容更加适用于不同层次的学生。通过向大学生分享微视频资源，可帮助大学生在课程教学中对体育知识有所认知，明确高校体育教学目标，快速完成"互联网+"视域下微视频体育教学任务，使高校体育教学在网络覆盖和智能终端普及的基础上实现移动化和多元化。

（三）"互联网+"视域下微视频在高校体育教学中应用的注意事项

1. 选题明确化

在高校体育教学过程中，可保障在"互联网+"视域下将体育教学知识点融入小视频中，增强对网络上的信息筛选力度。对此，体育教师在选题上必须做到目标明确、内容精练，以一个或多个视频讲解课程上会涉及的教学动作，保障每一个视频的时间控制在5~10分钟，确保其包含关键技术动作、教学重点知识讲解及难点解读等内容。

2. 教学实用性

在高校体育教学过程中，体育教师必须根据大学生的实际学习状况合理选择微视频体育教学资源，利用通俗易懂的语言降低高校体育教学难度。微视频资源应用于高校体育教学中，势必要融入理论知识与动作技巧等资源，以提高教学的画面感，尽可能地选择符合实际要求的教学内容，不可为了教学而教学。加入一些常用的体育知识内容，可使大学生能避免一些知识误区，提升知识的可用性，让大学生认识到其所学习的内容是有效且真实的。

（四）"互联网+"视域下微视频在高校体育教学中的应用价值

1. 有利于提高高校体育教学质量

在高校体育教学过程中，体育教师利用 10 分钟的时间进行视频播放，向大学生讲解一些基础知识，可直接降低大学生对专业知识难点的认知难度，让大学生对其更加感兴趣。在此期间，体育教师可将体育知识融入微视频课程，以动态的视频吸引大学生的注意力，让大学生在学习时更有画面感，使大学生在了解知识的同时提升对体育的兴趣。微视频体育教学可将文字、图像、音频融为一体，利用视频的形式增强大学生对体育知识的听觉和视觉刺激，使体育知识更为形象、生动，巩固大学生对体育知识的掌握，营造良好的体育学习氛围。在微视频体育教学过程中，视频教学方式更简便，体育教师可在移动终端上播放一些体育视频，让大学生能够利用碎片化的时间学习一些专业性知识。体育教学中引入微视频可使教学内容更加全面和详细，将高校体育教学内容模块化，突破时空的限制，让大学生在空余时间借助微视频进行学习。"互联网+"视域下需要促使体育教学资源走向多元化的方向，增添一些网络信息教学资源，通过网络将数字资源直接上传到互联网教学平台中，拓宽网络渠道传播教育资源，使大学生可以实时掌握体育动作和体育知识，提高高校体育教学质量。

2. 做好高校体育针对性教学

在高校体育教学过程中，体育教师要根据实际情况给予大学生学习的自由空间，并在教室外开展一些与体育相关的活动，将知识教学与活动结合在一起，提高大学生的学习兴趣，使大学生更好地吸收体育知识。除此之外，体育教师还要根据大学生的学习实际情况做好分层教学，以提升教学质量为最终目的，使教学成果达到预期水平。在不同的体育项目教学中，体育教师要预先做好规划，对每一阶段的学习状况做好针对性教学，保证每一个阶段的教学目标确定化，达到高校体育教学目标。大学生可根据实际情况自主选择学习田径、体操及跳远等基础性项目，但由于这些体育项目形式枯燥，难以引起学生的学习兴趣，体育课堂中经常性敷衍了事，导致体育教师无法完成教学任务。因此，体育教师必须要革新高校体育教学方法，丰富高校体育教学内容，增加一些大学生感兴趣的运动项目。

3. 完善高校体育教学内容

在高校体育教学过程中，应用微视频资源可将知识模块化和微型化，提高大学生对体育知识的学习效率，使大学生随时随地进行体育知识的学习，掌握相应的体育知识理论和技巧，并在课堂上探讨相关的体育知识，实现体育教学目标。在此期间，必须对高校体育教学形式改变和创新，重视大学生的自我需求，发挥大学生的个体作用，转换自我角色，使体育教师在传授知识的同时了解大学生的日常学习状态，将大学生的优秀品质放大，在教学中重点提示相关内容，将录制好的微视频课程利用云端平台进行资源分享，将理论知识应用于实践教学，做好自主的学习和测评，以达到相应的发展目标。

4. 加强对体育教师的培训

将微视频资源应用于高校体育教学中，需要根据实际情况加强体育教师队伍素质拓展训练教学，正确引导大学生进行专业知识的学习，为开设素质拓展训练课程做好基础性工作。因此，进行体育教师培训时，必须积极了解体育教师拓展训练知识的掌握情况，通过完善政策吸引优秀的拓展训练人才，学习一些外校的优秀实践经验，提高体育教师队伍建设管控。除此之外，还要呼吁高校社团组织素质拓展游戏以及挑战赛，选择微视频教学的开发方式，建立一套符合大学生内在发展需求的体系评价标准，构建符合大学生需求的教学模式，提升高校体育教学质量，为微视频体育教学课程的开展做好准备。

三、翻转课堂引入普通高校公共体育教学的分析

（一）翻转课堂的教学理论与方法

通过对翻转课堂的基本理论进行探讨，将翻转课堂引入高校公共体育教学便有了基本的思路和框架。依据教学模式及构成要素对翻转课堂基本理论的探讨属于宏观层面，对各个学科的教学来说具有理论指导的普适性，但是，由于体育学

科有着自身的特点，故而在高校公共体育教学中实施翻转课堂还应有一套自身的理论与方法。

1. 实施翻转课堂的理念和指导思想

理念是人们对教学实践的一种价值取向，不同的教学理念会影响到教学的实践。学校教育要树立"健康第一"的指导思想，实施素质教育要以培养学生的创新精神和实践能力为重点，必须把德育、智育、体育、美育等有机地融合在教育活动的各个环节中，从而促进学生全面发展和健康成长，并提出了培养学生竞争意识、合作精神和坚强毅力的基本要求。素质教育、健康第一、全面发展是我国高校公共体育教学的基本理念。

教学指导思想是教学理念的重要内容，是任何一种教学模式的构成要素和灵魂，它对教学模式各要素具有导向作用，是教学模式生成的依据和基础，并对教学模式的各个要素之间的组合关系产生深刻的影响。在我国学校体育确立"健康第一"的指导思想之前，我国学校体育的指导思想一直没有定论，在经历了百家争鸣之后，逐渐形成了"健康第一""培养三基""技术健身""快乐体育""成功体育""终身体育"等体育教学指导思想。在各种体育课程指导思想的影响下，有些体育教师显得无所适从，在教学实践中只能依据个人的理解和价值认同情况选择其一，"重知识、轻能力""重体验、轻结果""重健康、轻技术"等问题不断出现，从而影响了我国体育教学的良性发展。

2. 翻转课堂模式下普通高校公共体育教学目标的设计

目标是指对活动结果所预先设想或拟定的要求、标准，希望体育教学活动达到什么样的结果，应依据这些结果提出相应的体育教学目标。高校体育课程的基本目标确定为五个领域，即运动参与、运动技能、身体健康、心理健康和社会适应，至此，我国普通高校体育课程的基本目标开始明确，五个领域成为我国高校体育课程目标提出的依据，翻转课堂模式下普通高校公共体育教学目标的制定也应围绕上述五个领域来制定。

（1）课前体育教学目标的制定

由于翻转课堂是一种"学在前，教在后"的教学模式，要求学生在课前通过在线课堂学习教学内容，并且要达到学会的程度，教师通过在线交流平台给予学生及时的指导。新知识、新技能和新方法是每一个学生课前学习的基本内容，学会新知识、新技能和新方法自然也成为课前最为主要的班级体育教学目标。另外，学生课前在线学习体育知识、体育技能和体育锻炼方法等，对学生的自主性要求较高，体育教学实践中，总有一些学生因自主性未能达到课前学习的基本要求，有的学生虽然能够完成课前在线学习目标，但却也表现出不适应课前自主学习这种形式。由此可见，制定课前班级体育教学目标，不能仅仅停留在学会新知识、新技能和新方法上，还应提出情感类教学目标，从而不断提高学生学习的情绪、兴趣和意志力，端正学生的体育学习的态度、动机和价值观，从而达到不断提高学生自主学习能力的目的。情感领域教学目标具有隐蔽性，它需要诉诸各种体育教学活动才能实现。除此之外，制定教学目标还要注意认知、技能和情感三个领域教学目标之间的有机结合，例如，在为充分尊重学生的个体差异，引起学生体育课程学习的需要和兴趣，让不同体育学习能力的学生在其现有体育基础上进一步提高，个人体育教学目标的提出必不可少。个人体育教学目标主要依据学生在体育课程学习中所存在的问题而提出，针对性相对较强，这有赖于体育教师对学生特点及学习情况的课前了解，在线虚拟课堂设计了不同的体育教学内容，知识类的、技能类的、锻炼方法类的以及体育比赛欣赏类的等，学生在完成班级和小组体育教学目标的情况下，可以依据个人的喜好及个人体育学习需求，有选择地学习相关内容，从而达到提高的目的。个人体育教学目标是对学生体育课程学习的引导，也是对不同学生个体提出的针对性极强的学习要求，既有利于学生的体育课程学习，还能让学生感受到体育教师的关怀与督促，这对端正学生体育学习的态度和激发体育课程学习的兴趣非常有利。

（2）课中体育教学目标的设计

学生虽然在课前对教学内容进行了学习，但毕竟没有经过教师面对面的指导，学生对体育技战术以及锻炼方法的掌握还不规范，因此，规范体育技战术及体育锻炼方法便成为课中体育教学目标的首要内容。再者，在确立教学目标时应突出体育教学增强体质、促进身心发展、发展体能的本质功能，同时兼顾学生的全面发展。在网络教学平台上，学生主要依据教学视频等教学资源等对体育的新知识、新技能和新方法进行了初步的学习，并没有经历专业的体育实践，因而缺少了对新知识、新技能和新方法的内化过程，学生无法从身体、心理两个方面深入体验体育，这就难以达到增强体质、促进身体发展和提高体育能力的目的，可见，内化性的教学内容以加深学生对体育的身心、体验，自然也成为课中的体育教学目标。除了加深学生对体育的身心体验之外，还需重视学生对体育的情感体验，这是端正学生体育学习态度、激发体育学习兴趣的重要环节，因此，课中体育目标中还应包括情感体验目标。提升综合能力是课中体育教学目标设计的最终目的，这也是课中体育教学目标的重要组成部分。

（3）课后体育教学目标的内容

在课后，学生的学习任务包括两个主要方面：一是学生通过进一步的体育练习来巩固所学的体育知识、技能、体育锻炼方法；二是学生对课前、课中的学习过程进行反思和总结，进而提高自己后续体育课程学习的实效。从结果与目标的对应性可知，翻转课堂模式下的体育教学，其课后体育教学目标的设计需要围绕这两个方面来制定，即进一步巩固学生对体育知识、技能和体育锻炼方法的掌握，让学生通过反思和总结来完善其对后续体育课程的学习。可见，反思学习过程、巩固学习内容是课后体育教学目标设计的主要内容。

（二）翻转课堂模式下体育课程的教学策略

翻转课堂的教学策略可以分为课前教学策略、课中教学策略和课后教学策略三个基本类别，每一个类别又可分为不同的亚类，这就为分析普通高校公共体育教学中实施翻转课堂的教学策略提供了依据。下面依据翻转课堂教学策略的三个基本类别分别进行探讨。

1. 翻转课堂模式下的课前体育教学策略

优质教育资源和信息化学习环境建设是教育信息化发展的基础。翻转课堂作为教育教学信息化发展的模式之一，自然也要重视优质教学资源和信息化学习环境的建设，这实际上就是翻转课堂的在线虚拟教学平台建设问题。翻转课堂模式下，学生课前对体育教学内容的学习是通过在线虚拟教学平台而实现的，因而在线教学平台的建设就成了实施翻转课堂的前提和基础。建设在线体育教学平台应该做好如下工作：

（1）选择优质的网络教学平台

当前来看，可选的网络教学平台不断增多，像 Moodle、Canvas 等都是较为常用的网络教学平台。选择网络教学平台，既要考虑该平台的功能，又要考虑现有网络环境是否能够满足教学的需求。

（2）完善体育教学资源

学生课前对体育课程的学习主要依赖于体育教师上传的教学资源，教学资源的质量会对学生课前的学习效果及学生对体育课程兴趣的培养产生直接影响，因而做好体育教学资源的开发与上传成为建设在线虚拟体育教学平台的关键。体育教学资源的表现形式主要有微视频、动画制作、PPT 以及与体育教学内容相关的文字材料等，这些体育教学资源的来源途径有两个。一是体育教师的制作，二是对现有网络教学资源的收集、整合和加工，无论哪一种方式，都要力求做到短小精悍。所谓短，主要是从学生对体育教学资源学习时间上来说的，因为过多地占用学生的学习时间既会影响学习效率，也可能会影响学生在线学习的兴趣。所谓小，主要是指主题小和文件小，以微视频为例，一个微视频一般只讲一个主题，播放时间控制在 5~10 分钟，同一次课的微视频不宜过多；微视频的文件也要小，这有利于视频的上传和学生的下载。所谓精，主要指教学资源的设计精、制作精和讲解精；所谓悍，是指上传的体育教学资源要能够产生"震撼"的效果，从而能够吸引学生，让学生在学习体育教学资源之后难以忘记。

（3）营造良好的在线体育教学环境

为了能够吸引学生，在线体育教学平台还应重视环境的营造。一般情况下，一个在线虚拟教学平台除了教学资源上传模块之外，还应包括在线交流模块、在线测试与评价模块、学习成果展示模块、作业的发布与批改模块、讨论模块以及学生在线学习的跟踪与监控模块等。学习的跟踪与监控主要是从学生对在线虚拟教学平台的登录次数和时间来显示的，因而无须体育教师进行设计，而对于其他模块的建设，体育教师都要力求做到视觉化、精细化和个性化，各个模块组合后要力求吸引学生。

2. 制定在线体育学习评价策略

（1）课前体育教师讲解和示范的策略

翻转课堂模式下，学生的课前学习是课中学习的前提和基础，学生只有完成课前的学习目标，后续的课中教学才能顺利实施。如何评价学生的课前学习效果，这是在我国普通高校公共体育教学中实施翻转课堂所面临的一个难点，对于文化课教学来说，教学内容以知识为主，任课教师可采用在线测试的方式来评价学生对教学内容的掌握情况。但体育教学内容以技能为主，单凭在线测试，体育教师只能了解学生对体育知识的掌握情况，而对学生体育技能的掌握情况却无从判定，这就需要体育教师另辟蹊径。

在信息化社会的今天，智能手机、电脑等网络终端得到了普及，利用各种网络信息平台进行学习和交流已经成为人们的习惯，在此情形下，教师要充分发挥各种信息交流平台的作用，将其应用于翻转课堂的教学之中。通过对翻转课堂应用于我国普通高校公共体育教学的经验总结，对学生在线体育学习效果的评价可以从以下三个方面进行。第一，通过学生在线测试的结果评价学生对体育知识的掌握情况；第二，让学生以组为单位将体育技术动作的练习情况拍成视频，并传至微信、QQ群等信息交流平台，体育教师只需在线浏览几个小组的视频便可以全面了解学生的体育技术掌握情况；第三，体育教师通过信息交流平台发起有关体育技术学习的讨论，并通过讨论情况来评价学生对体育知识、技能的掌握情况。

（2）制定授课期间策略

翻转课堂模式下的体育教学，体育教师可通过在线交流、在线测试的情况，对学生在学习过程中所存在的问题进行了解，对于带有普遍性的问题，体育教师需要在课中进行统一的讲解和示范，对于学习小组或个人的问题，体育教师可以通过个别指导的形式进行解决。就讲解来说，体育教师应找准问题的主要节点进行"精讲"，从而高效地帮助学生理解，无须再像传统教学模式那样由易到难地进行系统的讲解，因为学生在课前已经对体育教学内容进行了自主学习，大多数学生是因为一个或几个点理解不透而导致了问题的出现。如果体育教师再像传统教学模式那样围绕一个问题喋喋不休地进行讲解，不但会过多地占用课堂时间，让学生产生一种厌烦情绪，而且会影响学生课前在线学习的自主性，如果体育教师在课中依旧过多讲解，学生在课前学习的积极性就会受到影响，与小组成员、体育教师的在线交流也会减少，总是习惯于依赖体育教师的课中讲解，长此以往，翻转课堂就会逐渐回归到传统课堂。

课中，体育教师需要通过组织教学活动来加速学生对所学体育知识、技能和方法的内化，活动的形式主要有师生共练、分组探究和练习、组间比赛、学习成果展示、分享学习感受等。所应提出的是，学生在课前虽然对体育教学内容进行了自主学习，但毕竟没有体育教师的亲身指导，所模仿的体育动作技术并不规范，规范学生的体育动作技术就成为课中教学的重要任务，一个重要的方法就是体育教师带领学生一起进行动作技术练习，这一体育实践活动形式是必不可少的，而且这种师生共练的形式应放在各种体育实践活动的前面，这有助于及时纠正学生的错误动作。分组探讨和练习是加深学生动作技术体验的重要途径，组间比赛是营造体育课堂氛围、加强学生团队协作的重要手段，而学习成果展示、分享学习感受则是为了让学生获得体育课程学习的成就感，进而激发学生体育课程学习的积极性、培养学生体育学习的自主性。各种活动有机结合后，有助于达到提高学生身心健康、培养学生能力的目的。

（3）制定课下体育教育策略

学生对体育教学内容进行了学习和实践，特别是在课中对各种活动的参与，有助于将所学知识、技能和方法内化为能力，这与学习金字塔理论所提倡的主动学习、建构主义理论所提倡的学生为中心是一致的。但是，从认识的形成过程和动作技能形成的基本规律来看，学生在课前、课中的体育学习与实践过程依旧是不完整的。在认识形成的过程中，一般需要主体发挥注意、试探、体验、识别、表达、试用、整合、记忆等智力活动的作用，统观学生在课前、课中学习与实践过程，其本质是学生这一主体发挥注意、试探、体验、识别、表达和试用的过程，所缺少的是对知识、技能和方法的整合以及在整合后的巩固，因而还不是一个完整的认识形成过程。

思考题

1. 简述大学生体育能力的培养方向。

2. 体育信息的传播特点有哪些？

3. 微视频高校体育理论知识点的基本构成有哪些？

参考文献

［1］ 马健勋. 高校体育教学与科学训练［M］. 北京：北京工业大学出版社，2023.

［2］ 栾朝霞. 高校体育教学改革与健康教育研究［M］. 北京：北京工业大学出版社，2023.

［3］ 张萍. 现代高校体育教学与运动训练研究［M］. 哈尔滨：哈尔滨出版社，2023.

［4］ 任翔，张通，刘征. 高校体育教学模式创新研究与实践［M］. 沈阳：辽宁人民出版社，2023.

［5］ 陈辉. 高校体育教学探索与模式构建研究［M］. 北京：北京工业大学出版社，2023.

［6］ 聂丹，李运. 体育强国视域下高校体育教学创新研究［M］. 长春：吉林大学出版社，2023.

［7］ 田伟. 高校体育科学化教学的创新与实践［M］. 长春：吉林大学出版社，2023.

［8］ 陈威. 高校体育教学与运动训练［M］. 长春：吉林出版集团股份有限公司，2023.

［9］ 李智鹏，孙涛，何志海. 高校体育教学改革与教学设计研究［M］. 长春：吉林出版集团股份有限公司，2023.

［10］ 吴鹏，马可，李晓明. 高校体育教学多种模式研究［M］. 延吉：延边大学出版社，2023.

［11］ 董晓欧，李鹏，王志刚. 高校体育教学改革科学探索［M］. 长春：吉林出版集团股份有限公司，2023.

［12］ 宁文晶，沙菲，张妍. 高校体育教学方法改革与创新研究［M］. 长春：吉

林出版集团股份有限公司，2023.

[13] 李杰. 高校体育教学资源优化与管理［M］. 青岛：中国海洋大学出版社，2023.

[14] 于洪涛，曹晓明. 高校体育教学与球类运动训练实践［M］. 长春：吉林出版集团股份有限公司，2023.

[15] 孙琦林. 高校体育教学与科学化锻炼研究［M］. 长春：吉林人民出版社，2023.

[16] 朱丽丽，李波，吕守峰. 体育强国背景下高校体育教学发展研究［M］. 长春：吉林出版集团股份有限公司，2023.

[17] 陈云鹏. 高校体育教学改革与信息化发展研究［M］. 北京：化学工业出版社，2023.

[18] 郗鹏，孙俊涛，曹旭. 高校体育教学创新与科学化训练研究［M］. 长春：吉林出版集团股份有限公司，2023.

[19] 刘成维. 高校体育教学创新与运动训练发展研究［M］. 延吉：延边大学出版社，2023.

[20] 刘永科，齐海杰. 高校体育教学改革创新与发展研究［M］. 长春：吉林出版集团股份有限公司，2022.

[21] 刘卫国，郝传龙，陈星全. 高校体育教学方法实践探索研究［M］. 长春：吉林出版集团股份有限公司，2022.

[22] 朱元明. 高校体育教学模式与创新发展研究［M］. 长春：吉林出版集团股份有限公司，2022.

[23] 张亚平，杨龙，杜利军. 高校体育教学理念及模式创新研究［M］. 北京：中国商业出版社，2022.

[24] 韩秀英. 高校体育教学发展研究创新［M］. 长春：吉林出版集团股份有限公司，2022.

[25] 鹿道叶. 高校体育教学设计与实践研究［M］. 西安：西安交通大学出版社，2022.

[26] 魏小芳，丁鼎. 高校体育教学管理改革与模式构建探索［M］. 长春：吉林人民出版社，2022.

［27］樊文娴，马识淳，王冬枝. 高校体育教学与大学生体育运动管理［M］. 长春：吉林出版集团股份有限公司，2022.

［28］刘海洋，杨战广，杨少洁. 基于有效教学理论的高校体育教学研究［M］. 北京：中国商业出版社，2022.

［29］李响. 高校体育教学训练水平提升策略与实证［M］. 北京：北京燕山出版社，2022.

［30］孙丽萍. 新时代高校体育教学理论探索与实务研究［M］. 长春：吉林大学出版社，2022.

［31］谢宾，王新光，时春梅. 高校体育教学与运动训练研究［M］. 长春：吉林人民出版社，2021.

［32］于海，张宁宁，骆奥. 高校体育教学与训练实践研究［M］. 长春：吉林人民出版社，2021.

［33］田应娟. 当代高校体育教学改革创新与发展［M］. 长春：吉林人民出版社，2021.

［34］王丽丽，许波，李清瑶. 教育技术在高校体育教学中的实践探索［M］. 长春：吉林人民出版社，2021.

［35］温正义. 高校体育教学与大学生体育实践能力培养研究［M］. 北京：北京工业大学出版社，2021.